MANIFEST

Wir haben **kronendach** ins Leben gerufen,
um Ideen zu sammeln, die dir positive Energie geben.

kronendach, so nennt man das Blätterdach eines Waldes.
Ein grüner Baldachin, der alles schützt, was darunter ist.

Entdecke neue Möglichkeiten, um deinen Alltag so
zu gestalten, dass er sich richtig anfühlt.

Atme durch. Lass dich inspirieren.

Willkommen bei **kronendach.**

WOHNEN MIT PFLANZEN

WILLKOMMEN …

… zur ersten Ausgabe unserer neuen **kronendach**-Reihe. Wie du schon in unserem Manifest lesen konntest, möchten wir dich bei **kronendach** zu einem nachhaltigen Lifestyle und einem verantwortungsbewussteren Umgang mit Ressourcen anregen. Wie du sehen wirst, geht es bei uns weniger um Verzicht als darum, den Alltag genussvoll zu gestalten und trotzdem auf den eigenen CO_2-Fußabdruck zu achten. Unsere nächsten Hefte werden sich deshalb auch mit den Themen Ernährung und Wohnen beschäftigen.

Unsere erste Ausgabe *Wohnen mit Pflanzen* aber soll für dich ein Leitfaden für die Auswahl der richtigen Pflanzen für jeden Raum deines Zuhauses werden. Und dir zeigen, wie du Zimmerpflanzen stilvoll einsetzen kannst, um deine Wohnung zu deinem perfekten Wohlfühlort zu machen.

Fang am besten noch heute mit einer Pflanze an und vielleicht beginnt auch für dich eine neue Obsession, die nicht nur superviel Spaß bringt, sondern – es gibt eine wissenschaftlich bewiesene Verbindung zwischen Pflanzen und unserer Gesundheit und unserem Glück – dein Leben noch ein bisschen schöner macht.

ENTDECKE DIE KUNST DES GUTEN LEBENS!

Dein **kronendach** - *Team*

www.kronendach.com

INHALT

PFLANZEN & MENSCHEN

WOHNZIMMER

KÜCHE

SCHLAFZIMMER

BADEZIMMER

KLEINE ECKEN

IMPRESSUM

Ein Titel der Funke Mediengruppe
FUNKE ONE GmbH
Jakob-Funke-Platz 1
45127 Essen

Chefredakteurin
Nicole Kleinhammer (V.i.S.d.P.)
nicole.kleinhammer@funkemedien.de

Creative-Direktorin
Liliana Trinca

Korrektur
Lektornet GmbH

Geschäftsführer
Andrea Glock, Simone Kasik, Christoph Rüth, Christian Siebert

Herstellung
Jutta Eckebrecht

Druck
NEEF + STUMME GmbH
Schillerstraße 2
29378 Wittingen

Vertriebsleitung:
Andreas Klinkmann

Einzelhandel
MZV Moderner Zeitschriften Vertrieb GmbH & Co. KG
Ohmstraße 1, 85716 Unterschleißheim

Objektleiter
Immo Riege

Chief Product Officer
Sebastian Kadas

ISBN: 978-3-95856-140-3

Hier wächst die Liebe

Was bringt Menschen dazu, sich ein Stück Natur von draußen nach drinnen zu holen? Und welche Vorteile bietet eine Zimmerpflanze? Erfahre jetzt mehr darüber

Unsere Liebe zu Zimmerpflanzen hat (im Gegensatz zu den Zimmerpflanzen selbst) tief reichende Wurzeln. Schon die alten Griechen dekorierten ihre Villen mit Veilchen in Terrakotta-Wannen, die Römer bevorzugten Rosen in Marmorvasen. Die Chinesen züchteten Mini-Bäume in Schalen, und die Pharaonen linderten die Folgen eines Sonnenbrandes mit Aloe vera. Bücher aus dem Mittelalter zeigen Mönche, die sich über Kräutertöpfe beugen und Pflänzchen pflegen, die später zu Salben und Heilmitteln verarbeitet werden. Einige Jahrhunderte später brachten Entdecker wie Kolumbus nie gesehene Pflanzenarten aus Amerika mit und lösten damit ein wahres Pflanzenfieber aus: In ganz Europa entstanden Orangerien, Gewächshäuser und botanische Gärten, das Geschäft mit dem Anbau boomte. In Millionen von viktorianischen Salons und Szene-Bars standen und stehen Zimmerpflanzen. Sukkulenten und Kakteen brachten Farbe in die grauen Büros des 20. Jahrhunderts, und die Lebendigkeit der 1970er-Jahre bewirkte, dass Gummibäume und Köstliche Fensterblätter mittlerweile nicht nur in jedem Haus und jedem öffentlichen Gebäude, sondern auch bei „Columbo" und in David-Lynch-Filmen eine unauffällig auffällige Rolle spielen. Kein modernes Möbelhaus ohne Pflanzenabteilung. Die grünen Begleiter sind uns ans Herz gewachsen und aus unserem Leben nicht mehr wegzudenken.

Gerade jetzt erleben sie wieder einen Boom. Warum? Vielleicht liegt es an den Wohnzeitschriften. Möglicherweise wecken Fototapeten, Vorhänge und Kissen, die mit Botanik bedruckt sind, die Sehnsucht nach dem echten Leben. Wie jüngste Umfragen zeigen, haben diese grüne Welle hauptsächlich Stadtbewohner, Millennials und Hipster ausgelöst. Studien zufolge geht es ihnen nicht nur um Dekoration und Stil, sondern auch um die Luftqualität und das damit verbundene körperliche Wohlbefinden. Auf Portalen wie Instagram oder Tiktok posten viele User täglich etwas Grünes, auf Twitter werden jeden Tag Tausende Zimmerpflanzen retweetet.

Dir juckt jetzt der grüne Daumen? Vor deinem Gang zur Gärtnerei sollte dir klar sein, was dir an Zimmerpflanzen gefällt. Ian Drummond, der bei der RHS Chelsea Flower Show (eine jährliche Gartenschau in London) mehrere Goldmedaillen gewonnen hat, ist überzeugt, dass sich der heutige Trend mehr um Umweltbewusstsein und Achtsamkeit dreht als im 19. Jahrhundert und bis in die 70er-Jahre des 20. Jahrhunderts, in denen Pflanzen nur als exotische Dekoration dienten. Heute geht es eher darum, Zimmerpflanzen nicht nur als Deko-Objekte anzuschaffen, sondern auch bewusst wegen ihrer einzigartigen Effekte – und diese zu verstehen und zu nutzen.

Im Buch „Zimmer mit Pflanze", das Ian zusammen mit der Wohnexpertin Kara O'Reilly geschrieben hat, beschreibt er das als Backlash gegen alles, was einfarbig und langweilig ist, und schlägt vor, unser Zuhause wieder mehr als eine Art Nest zu sehen, als Zufluchtsort. Ian zufolge verleihen Pflanzen unseren Räumen mehr Persönlichkeit und machen sie somit ▸

einladender als Rückzugsorte, wo wir uns entspannen und neue Energie schöpfen können. Die beiden Experten für Biophilie (die sogenannte Liebe zu Lebendigem) betonen auch, wie viel uns die Zimmerpflanzen geben: Sie muntern uns auf (wer freut sich nicht über eine unerwartete Blüte oder einen Ableger?), sie geben Sauerstoff ab, während sie gleichzeitig die Luft von Schadstoffen befreien. Diese dienen ihnen sogar als Nahrung. „Eine Win-win-Situation", so bringen es Ian und Kara auf den Punkt.

Dieser Meinung ist auch Fran Bailey, Autorin, Floristin und Gründerin des Zimmerpflanzen-Shops „Forest" in London-Deptford. In ihrem Buch „Die heilende Kraft der Zimmerpflanzen" beschreibt sie den wichtigen Platz, den die Pflanzen in unserem Leben einnehmen. „Wir sind auf die Dinge angewiesen, die uns die Pflanzen geben. Von der Luft, die wir atmen, bis zu den Lebensmitteln, die wir essen. Heute wissen wir viel mehr über ihre zahlreichen Vorteile wie z. B. ihre Heilkräfte. Pflanzen helfen uns beim Konzentrieren, beruhigen uns, wenn wir uns gestresst fühlen, und verschönern unseren Arbeits- und Lebensraum."

WIE UND WO FANGE ICH AM BESTEN AN?

Fran, die zusammen mit der Gartenbauerin Zia Allaway das Buch „Alles über Zimmerpflanzen" geschrieben hat, rät, die Pflanzen anhand ihres Aussehens (Form, Farbe, Textur oder Größe) in Gruppen einzuteilen. Dann entsteht durch Harmonie und Wiederholung Balance, eine vergleichende Gegenüberstellung hat einen dramatischen Effekt. Falls du etwas Beruhigendes für einen belebten Flur suchst, wähle ähnlich hohe Pflanzen aus, am besten in gleichen Töpfen. Die Kentia-Palme eignet sich dafür bestens.

Zum Beleben eines Raumes mischst du Texturen und Formen – stell dir eine Efeutute vor, die von einer Gruppe Glanzkölbchen herabhängt. Sukkulenten und Kakteen sind pflegeleicht und bringen durch ihr exotisches Aussehen einen Blickfang in jedes Zimmer. Bei Bedarf können grüne Farbtupfer sogar eher unspektakuläre Ecken ins Zentrum der Aufmerksamkeit rücken. Wie wäre es z. B. mit einer Reihe blühender Geldbäume auf einem sonnigen Bücherregal?

Ian erklärt, dass sich bestimmte Stimmungen erzeugen lassen, indem man Pflanzen in Regalen mit Objekten kombiniert. Zum Beispiel Fotos, Kieselsteine oder Postkarten aus dem Urlaub. So baut sich auch eine emotionale Verbindung auf. Und die Auswahl an Töpfen, mit denen du weitere Akzente setzen kannst, ist unendlich. Egal ob vintage, marokkanisch oder rustikal – es gibt nichts, was es nicht gibt.

Das Beste daran: Ist die Hauptarbeit erst mal getan, kannst du dich immer wieder an deiner Pflanzenpracht erfreuen. Zia nennt als Beispiel die Mondorchidee in ihrer Küche: „Sie blüht jetzt seit über neun Monaten durchgehend – ein Blumenstrauß kann da nicht mithalten."

SCHÖN ANZUSEHEN UND NÜTZLICH

Noch überzeugender scheinen die Vorteile einer grünen Wohnung, wenn man sich die Leistung von Pflanzen vor Augen führt. Die NASA startete in den 1980er-Jahren eine Studie zum Thema „Zimmerpflanzen zur Luftverbesserung in Innenräumen“. In der zweijährigen Laufzeit testeten die Wissenschaftler, wie viele Schadstoffe von einem Dutzend einfacher Pflanzen absorbiert werden können. Das Ergebnis: Zimmerpflanzen sind fähig, die Luftqualität in geschlossenen Räumen enorm zu verbessern – und somit auch und besonders auf Raumstationen.

Aber natürlich nicht nur dort, sondern auch im Büro und zu Hause haben Zimmerpflanzen einen wohltuenden Effekt auf die Atemluft. Der heimliche Favorit der Studie war übrigens die Gerbera (nicht als Schnittblume!). Sie filtert nicht nur Schadstoffe wie Trichlorethylen (beispielsweise in Druckerfarben enthalten) und Formaldehyd (Farben und Lacke, Holzleim) aus der Luft heraus, sie ist auch eine der wenigen Pflanzen, die nachts Sauerstoff produzieren. Andere Pflanzen wie die Flamingoblume, Birkenfeige, Goldfruchtpalme und Bogenhanf sollen ebenfalls überdurchschnittlich die Luftqualität verbessern. Darüber hinaus produzieren die meisten Zimmerpflanzen keine Pollen, was sie auch für Allergiker als Zimmergenossen verträglich macht.

Die bessere Luft ist jedoch nur einer von vielen Vorteilen, die Zimmerpflanzen zu bieten haben. Einige lassen die Luft auch besser duften. Aber obwohl der Geruchssinn als der gilt, der am stärksten mit unseren Emotionen verbunden ist, nehmen wir die natürliche Aromatherapie, die uns die Pflanzen geben, oft überhaupt nicht wahr. Gartenbauerin Zias Empfehlung für duftende Pflanzen ist die „Nelly Isler“-Orchidee, die einen Hauch von Zitrone in die Luft bringt. Das erfrischt und klärt die Gedanken. „Die Gardenia und die Kranzschlinge haben außerdem parfümierte Blüten und eignen sich daher besonders für den Empfangsbereich, um den Gästen gleich ein wohliges Wie-zu-Hause-Gefühl zu geben“, fügt sie hinzu.

Angie Nilson von Pelargonium for Europe legt uns ans Herz, dass sich als Zimmerpflanzen auch Gewächse eignen, die wir ursprünglich nur aus dem Garten kennen. Duftende Geranien z. B. gedeihen auch indoor und bringen so (bestenfalls noch in unterschiedlich große, rustikale Terrakottatöpfe gepflanzt) den Sommer direkt ins Wohnzimmer. Für seinen einzigartigen Duft berühmt ist außerdem der Lavendel, der im Zimmer eine beruhigende Atmosphäre schafft. ▸

NATÜRLICHE HEILUNG

Grundsätzlich lässt sich also sagen, dass uns die Pflanzen ein Stück Natur ins Haus bringen und uns der Natur wieder näher – ein Grundbedürfnis, das wir in der Zeit des rasanten technologischen Fortschritts nicht vergessen dürfen und mitunter überdeutlich spüren. Denn seit der industriellen Revolution haben wir uns kontinuierlich von der Natur entfernt: Die Dunkelheit einer langen Nacht und die Kälte des Winters können per Knopfdruck ausgeschaltet werden; dank Flug- und Seeverkehr sind die Supermarktregale das ganze Jahr über mit Obst und Gemüse aus aller Welt gefüllt. Gleichzeitig zeigen Studien weiterhin, dass es gesünder für uns Menschen ist, geistig, körperlich sowie emotional im Einklang mit der Natur zu leben.

Folgerichtig arbeitet die schon erwähnte RHS (Royal Horticultural Society; britischer Verein zur Förderung der Gartenkunst) bei der Chelsea Flower Show eng mit dem NHS (National Health Service; staatliches Gesundheitssystem in Großbritannien) zusammen. Die bei der Show zu bestaunenden Feel Good Gardens, die für therapeutische Zwecke entwickelt wurden, werden jetzt in ganz Großbritannien gepflanzt, damit Patienten sie nutzen können – oder diejenigen, die gar nicht erst Patienten werden möchten.

Nicht zu vernachlässigen ist außerdem der meditative Effekt, den nicht nur der Anblick, sondern auch die Pflege der Pflanze auf uns hat. Gießen, schneiden, ein- und umtopfen, säen, fällen, alte Blütenblätter abzupfen und Blätter reinigen – alles Arbeiten, bei denen wir uns zwar konzentrieren müssen, aber trotzdem in Gedanken abschweifen können. Dies ist das Grundrezept jeder Achtsamkeitsübung. Außerdem haben Pflanzen, genau wie wir, ihre natürlichen Zyklen und erinnern uns so an unsere eigenen. Pflanzen bringen uns dazu, unsere Augen endlich mal vom Bildschirm zu lösen. Der Hautkontakt mit der Erde, sich bewusst die Hände schmutzig machen – man kann ja als Erwachsener (leider) außer mit Kindern nicht wirklich im Sandkasten auf dem Spielplatz buddeln. Mit der Hand in der Erde zu graben macht aber mindestens genauso viel Spaß!

Mit Sicherheit tun Pflanzen etwas für unsere Gesundheit. Und stilvolle, gepflegte Pflanzen geben unserem digital orientierten Indoor-Wohnkomfort einen natürlichen Touch. Ein wohltuendes Gegengewicht. Es ist also kein Wunder, dass wir immer stärker mit ihnen zusammenwachsen. Und, hast du schon einen heimlichen Favoriten?

NATURHEILKUNDE FÜR DIE WOHNUNG

Schwertfarn (Nephrolepis exaltata)
Eine der ältesten Pflanzen der Welt und ein perfekter Lufterfrischer – besser als der Wunderbaum. Er steigert außerdem die Luftfeuchtigkeit, was sich in beheizten bzw. klimatisierten Räumen angenehm bemerkbar macht.

Grünlilie (Chlorophytum comosum)
Wie ein Hausmeister hält diese Pflanze die Wohnung fit und rein: Sie reinigt die Luft vom ungesunden Formaldehyd, während sie mit dem Wachs auf den Blättern Staub auffängt.

Friedenslilie oder Zwerg-Blattfahne (Spathiphyllum wallisii)
So hübsch die Friedenslilie ist, so nützlich ist sie auch. Wie eine Art Staubsauger filtert sie Benzol, Formaldehyd, Ammoniak, Toluol, Xylol und sogar Schimmelsporen aus der Luft heraus, wie Studien belegen.

Französischer Lavendel (Lavandula dentata)
Lavendel wird seit Jahrhunderten angebaut. Dies liegt unter anderem an seiner angstlösenden und schlaffördernden Wirkung. Getrockneter Lavendel ist außerdem perfekt für ein Duft-Potpourri.

Rosmarin (Rosmarinus officinalis)
Als Shakespeare Hamlet den Satz „Da ist Rosmarin, das ist zur Erinnerung" sagen ließ, war er allen anderen offenbar schon einen Schritt voraus: Studien haben ergeben, dass der Duft von Rosmarin einen Powerboost geben kann, der uns beim Fokussieren hilft. Forscher gehen davon aus, dass der Duft die Konzentration des Neurotransmitters Acetylcholin im Gehirn erhöht.

WOHNZIMMER

Bring mehr Leben und Energie in den wohl meistgenutzten Raum in deinem Zuhause. Denk groß – Zimmerpflanzen sind wie lebende Möbel

Für die meisten ist das Wohnzimmer der Mittelpunkt der Wohnung, es spiegelt am eindrücklichsten unseren Stil wider. Zimmerpflanzen können verwendet werden, um im Gesamtbild des Raumes Akzente zu setzen. Von ein bisschen Boho-Chic mit üppigem, grünem Laub an einem Regal bis hin zu moderner Eleganz mit architektonischen Blattformen, die an kahlen Wänden entlangwachsen. Der Fantasie sind keine Grenzen gesetzt. Pflanzen vermitteln außerdem ein Gefühl von Leben und Energie. Dies kann wichtig sein, wenn man bedenkt, wie oft und wie lange wir uns, vor allem bei schlechtem Wetter, in diesem Zimmer aufhalten.

Bei all der Geborgenheit, die wir fühlen, wenn wir es uns im Winter schön warm machen, dürfen wir jedoch eines nicht vergessen: Pflanzen mögen die direkte Wärmeeinstrahlung mitunter überhaupt nicht. Halte deine Pflanzen daher fern von Heizkörpern und Feuerstellen, aber auch von Fernsehern, solange diese in Betrieb sind. Probier mal aus, dein Wohnzimmer in jeder Jahreszeit neu zu dekorieren und dabei die Pflanzen immer wieder neu zu arrangieren – das verändert sofort das Wohngefühl. Denk im Frühjahr daran, dass viele Pflanzen keine pralle Sonne vertragen. Warum beim Frühjahrsputz nicht auch mal einen Tag damit verbringen, für jede Pflanze ein neues Zuhause in der Wohnung zu finden?

> Da große Möbelstücke wie Sofas sogar hohe Pflanzen mickrig erscheinen lassen können, ist die Größe ein wichtiger Faktor bei der Auswahl der richtigen Pflanzen fürs Wohnzimmer

Es kommt, besonders im Wohnzimmer, auf die Ausmaße der Pflanzen an. Je größer, desto besser, lautet die Devise, weil sogar eine mittelgroße Pflanze neben einem Sofa, Sessel oder der Schrankwand mickrig wirken kann. Eine große Pflanze wie das Köstliche Fensterblatt (Monstera deliciosa) setzt sich mit ihren riesigen, herzförmigen Blättern locker durch. In ihrer Heimat, dem Regenwald, nutzt die Pflanze Luftwurzeln, um an Baumstämmen und Ästen emporzuklettern. Ausgewachsen ist sie bis zu zweieinhalb Meter hoch. Um drinnen den gesunden und nicht zu unordentlichen Look des Fensterblatts zu erhalten, kannst du die sprießenden Luftwurzeln vorsichtig an die moosbedeckte Stange drücken, an der die Pflanze sich anheftet. Das Umstellen auf einen neuen Platz übersteht sie unbeschadet, mach dir keine Sorgen um ihre Flexibilität. Sei in jedem Falle kreativ – man kann jedes Zuhause mit Pflanzen aufwerten, auch ohne bauliche Veränderungen. Kakteen und Sukkulenten sind perfekt für Hobbygärtner jeden Alters und passen gut in das familiäre Wohnzimmer. Bau doch mithilfe der ganzen Familie ein Terrarium oder einen Minigarten. Noch ein paar Tier- oder Lego-Figuren, fertig ist die tragbare Pflanzensammlung. Die kannst du im Falle eines Umzugs einfach unter dem Arm mit in die neue Wohnung nehmen. Das funktioniert natürlich mit kleineren Exemplaren besser.

Rechts: Jamie Song zeigt uns sein lichtdurchflutetes Londoner Wohnzimmer – ein wahrer Dschungel tropischer Pflanzen aus aller Welt. Instagram: @jamies_jungle

Die Magie der Terrarien

Emma Sibley, Gründerin von London Terrariums, erzählt uns, wie bepflanzte Glasgefäße sie verzaubert haben – und erklärt schrittweise, wie du ganz einfach dein eigenes anlegen kannst

Seit fünf Jahren baue ich Terrarien. Alles begann, als ich mit ein paar Freunden anfing, an Wochenenden Flaschengärten zu bauen. Aus heutiger Sicht klingt es vielleicht seltsam, aber während der Zeit an der Universität in London haben Zimmerpflanzen meine Geschenkauswahl dominiert. Egal ob für Geburtstage oder Umzüge – ich habe die Nachkommen meiner ergiebigen Grünlilie an meinen halben Freundeskreis verschenkt. Wir wohnten alle in London und mussten ständig umziehen. Jedes Jahr gab es ein neues Schlafzimmer, das dekoriert werden musste, und eine der Hauptkonstanten in unser aller Leben waren eben die Zimmerpflanzen. Aus diesem Interesse heraus hat sich mein Faible für Terrarien entwickelt.

„Jeden Tag habe ich mich riesig auf den Feierabend gefreut, um endlich am Küchentisch weiter an meinen Minigärten bauen zu können"

Dass daraus eine Leidenschaft werden würde, hat sich schon sehr früh gezeigt – nachdem ich ein paar Terrarien gebaut hatte. Da ich in London nämlich keinen Garten hatte, musste die Gartenarbeit eben auf dem Küchentisch stattfinden. Jeden Tag habe ich mir den Feierabend herbeigesehnt, um weiter zu experimentieren, welche Pflanzen sich miteinander vertragen und welche nicht. Meine Mutter erinnerte mich daran, wie ich fast jede Sommerferien einige Zeit bei meinen Großeltern verbrachte. Sie brauchten mir nur einen Setzkasten zu geben, und ich war stundenlang damit beschäftigt, darin einen kleinen Garten anzulegen. Dafür nutzte ich buchstäblich alles, was ich im Garten meiner Großeltern finden konnte. Meinen Laden London Terrariums zu gründen war wohl schließlich die logische Schlussfolgerung.

Meine wahre Begeisterung für diese kleinen Ökosysteme kam aber erst auf, als ich etwas über die Geschichte und die Wissenschaft las, die dahinterstecken. Ursprünglich eine viktorianische Entdeckung, wurde das sich selbst versorgende, autonome Terrarium von Nathaniel Bagshaw Ward erfunden. Er war ein großer Verehrer aller Arten von Farn und versuchte ständig, sie in seiner Wohnung und seinem Garten zu ziehen – ohne Erfolg. Eines Tages fand der Insektologe die Puppe einer Motte, die er mit Erde in einen abgedichteten Glasbehälter steckte. Als er die Puppe im Laufe der nächsten Wochen beobachtete, stellte er fest, dass auf dem Boden etwas zu wachsen begann, das zunächst wie Gras aussah. Wie sich herausstellte, spross dort jedoch ein Farn. Dies verblüffte und erfreute Ward so sehr, dass er daraufhin mehrere Marmeladenglas-Experimente durchführte. So stellte er fest, dass viele Pflanzen in einem geschlossenen Glasbehälter perfekt gedeihen können.

ÖKOSYSTEM IM GLAS

Das Glas schützt die Pflanzen vor jeglichem Staub oder Luftverschmutzung (ein großes Thema im Viktorianischen England), es entsteht eine hohe Luftfeuchtigkeit, und durch Sonneneinstrahlung wird die Temperatur reguliert. Das ergibt eine sehr stabile Umwelt für die Pflanzen. Diese Ergebnisse präsentierte Ward einem Freund, Robert Fortune (er war von 1846 bis 1848 der Kurator des Chelsea Physic Garden). Zusammen entwickelten sie dann das erste Terrarium der Welt, das sie Wardian Case nannten.

Das alles passierte zu einer Zeit, in der die Leute generell viel reisten, um neue Pflanzenarten zu entdecken. Da der plötzliche Klimawechsel der Pflanze allerdings oft massiv zu schaffen machte, lag die Chance, eine exotische Pflanze lebendig nach England zu bringen, anfangs bei nur ▸

Besonders Farne gedeihen in der hohen Luftfeuchtigkeit im Terrarium. Sie sind jedoch nicht die einzige Pflanzenart, die sich unter Glas wie zu Hause fühlt.

Die Werkzeugpalette für Terrarien ist breit gefächert, fast jedes von ihnen hat einen langen Stiel. Viele dieser Werkzeuge sind Eigenkreationen.

ungefähr zwei Prozent. Doch sobald die Schiffe mit den Wardian Cases ausgestattet wurden, kletterte die Erfolgsquote auf fast 80 Prozent. Dies war der Startschuss für mehr und mehr exotische Pflanzen in und um Europa herum; folgerichtig begannen die Viktorianer, große Tropenhäuser zu bauen.

FARNWEH

Gleichzeitig brach die Pteridomanie aus, auch „Farnmanie" oder „Farnfieber" genannt. Die Farnjäger sammelten sämtliche Arten von Farn, die sie dann in Terrarien zur Schau stellten. Nachdem das Farnfieber abgeklungen war, schwand das Interesse, bis in den 1970er-Jahren mit der Erfindung des Carboy-Terrariums der nächste Zimmerpflanzentrend ausgelöst wurde. Das ist ein runder Glasbehälter (auch Demijohn genannt) mit bis zu 60 cm Durchmesser. Ursprünglich zum Lagern von Wein hergestellt, ergeben sie gute Terrarien. Mit entsprechenden Werkzeugen (später mehr dazu) kannst du die Erde verteilen sowie Pflanzen säen bzw. einsetzen.

Viele unserer Terrarien legen wir in diesen Gefäßen an. Sie sind gesuchte Schätze auf Flohmärkten. Neulich hatten wir im Laden eine Dame mit so einem Terrarium zu Gast, ursprünglich gehörte es ihren Eltern. Sie hatten das Terrarium, solange sie zurückdenken konnte, und es war unglaublich: Randvoll mit Moosen und einem großen Pfeilwurz, dessen Wurzeln sich über die komplette Erde erstreckten. Sie hatte uns beauftragt, es zu schneiden und zu pflegen. Ein bisschen mulmig wird einem dann schon bei dem Gedanken, in ein Ökosystem einzugreifen, das seit drei Jahrzehnten ohne jegliche Störung läuft.

EINE SELBSTERHALTENDE WELT

Wir bekommen oft Aufträge, kleine Figuren in Terrarien zu integrieren, oder andere individuelle Wünsche. Mich persönlich fasziniert jedoch am meisten die Wissenschaft hinter der Funktion des Terrariums sowie deren Vielseitigkeit. Die meisten unserer Terrarien sind geschlossen, dadurch auch selbstversorgend. Diese Art Terrarium erfordert den geringsten Pflegeaufwand. Die Pflanzen betreiben Fotosynthese und atmen im Glas genau so, wie sie es in freier Natur tun. Die Wärme, das Wasser sowie der Sauerstoff, die durch die Fotosynthese entstehen, können nicht aus dem Behälter entweichen und halten so die Luftfeuchtigkeit stabil. Nach dem Anlegen eines Terrariums solltest du die Pflanzen ein paarmal besprühen, um den Wasserkreislauf zu starten – wenn alles richtig läuft, ist das das einzige Mal, dass du gießen musst.

Das Terrarium mag weder direkte Hitze noch Sonneneinstrahlung, und du musst es alle paar Tage entkorken, um einen Gasaustausch zu ermöglichen. Wenn du diese Schritte beachtest, wirst du jahrelang Spaß mit deinem Terrarium haben.

> „In einem geschlossenen Terrarium befindet sich eine sich selbst versorgende Welt, die so gut wie keine Pflege benötigt"

NOT MACHT ERFINDERISCH

Fast jeder Glasbehälter kann zum Terrarium werden: Einmachgläser mit Bügelverschluss, Korb- und Ballonflaschen, Marmeladengläser … Auf Flohmärkten, in Secondhandläden, bei Haushaltsauflösungen und auf eBay Kleinanzeigen hast du die besten Chancen, fündig zu werden. Eine große Hürde am Anfang von London Terrariums waren die Werkzeuge. Weil es nirgendwo spezielle Terrarienwerkzeuge zu geben schien, mussten wir eine Menge improvisieren. ▸

Ich denke oft und gern daran zurück, wie sich meine Mitbewohner darüber beschwerten, dass ich ständig alle Teelöffel in Beschlag nahm – ich hatte sie an Holzstäbe gebunden, um Löcher zu buddeln. Schaschlikspieße sind perfekt, um angewachsenes Moos umzusiedeln. Mit Korken an den Enden kannst du sie nutzen, um die Erde um die Pflanzen herum anzudrücken. Trichter sind ideal, um Erde oder Steine in die kleine Öffnung der Flasche zu füllen. Bürsten mit Schwammaufsatz sind prima Helfer beim Säubern der Innenseite des Glases. Noch heute suche ich regelmäßig in Baumärkten nach Werkzeugen, die ich zu einem Terrarium-Werkzeug umfunktionieren kann. Dies bringen wir auch den Teilnehmern der Workshops bei – sie sollen ihre eigenen Werkzeuge basteln können, sodass sie für ihre Arbeit mit dem Terrarium keine teuren Spezialwerkzeuge kaufen müssen.

„Du musst die Pflanze in das Gefäß kriegen und aufrecht hinstellen – das ist wie Therapie"

BESCHÄFTIGUNGSTHERAPIE

Wir halten viele Workshops in London ab und haben auch nach Manchester und Bristol expandiert. Das Beste an diesen Workshops ist der Moment der absoluten Stille, in dem alle Teilnehmenden für sich in ihre jeweils eigene Welt abdriften, während sie ihren kleinen Garten gestalten.

Nach einem vollen Arbeitstag vor einem Computerbildschirm spüren viele Menschen fast so eine Art Grundbedürfnis, sich mit Pflanzen zu beschäftigen. So wird die Arbeit am Terrarium zu einer Art Therapiestunde, weil der Fokus für die nächsten Stunden komplett darauf liegt, die Pflanze ins Glas zu bekommen und sie aufrecht hinzustellen. Dein Geist geht vollkommen in dieser Aufgabe auf, ohne Ablenkung. In jedem Workshop kommt der Punkt, an dem man merkt, dass sich gerade jede und jeder kreativ auslebt. Man würde eine Stecknadel fallen hören.

Für mich ist das Aufregende an der Gartenarbeit die Langfristigkeit. Das Gefühl, etwas zu säen und darauf zu warten, was daraus entsteht. Dies spiegelt sich beim Aufbau eines Terrariums wider: Man wird immer daran erinnert, dass die Dinge im Leben manchmal etwas anders laufen als erwartet. Mir persönlich gefällt es auch sehr, einfach nur den Pflanzen beim Wachsen zuzusehen – dadurch fühle ich mich stärker mit der Natur verbunden.

MEHR ÜBER TERRARIEN

Details (auf Englisch) erfährst du auf Emmas Seite www.londonterrariums.com. Für einen Terrarium-Workshop musst du aber nicht nach London jetten: Such im Internet nach Workshops in deiner Nähe. ▸

So baust du dein erstes eigenes Terrarium

Auf den nächsten Seiten haben wir in 12 einfachen Schritten alles Wissenswerte zusammengefasst

1
2
3
4
5
6
7
8
9
10
11
12

TERRARIEN SELBST ANLEGEN

In 12 Schritten zum kleinen, pflegeleichten Indoor-Garten

Zuerst brauchst du eine große, runde Flasche (sogenannte Korbflasche), etwas Erde, Kieselsteine, Aktivkohle, Moos sowie verschiedene Farne. Natürlich kannst du auch andere feuchtigkeitsliebende Pflanzen wie z. B. Fittonien (Mosaikpflanze) verwenden. Ein Grundstock an Werkzeugen ist unverzichtbar, sie werden in den Schritten einzeln erläutert.

Schritt 1: Sauber machen
Egal woher das Glas stammt, ob neu oder gebraucht, eine gründliche Reinigung außen und innen stellt sicher, dass sich keine unerwünschten Bakterien im Terrarium befinden.

Schritt 2: Steine
Spül die Kieselsteine mit Wasser ab und schütte mit einem Trichter vorsichtig eine Handvoll in das Glas. Die Steinschicht sollte circa 3 cm dick sein, nur damit man sie gerade so sieht. Sie soll die Erde vom Boden des Glases getrennt halten.

Schritt 3: Trocken halten
Sollte das Glas außen nass geworden sein, trockne es mit einem Geschirrtuch. Reinige erneut die Innenseite des Glases. Hierfür brauchst du nun einen Stock, weil du es nicht mehr kippen kannst. Wickle ein Geschirrtuch herum oder befestige einen Schwamm an seiner Spitze.

Schritt 4: Kohle
Fülle mithilfe des Trichters zwei gehäufte Teelöffel Aktivkohle gleichmäßig auf die Steine. Die Kohle ist ein entscheidender Faktor für die Gesundheit deines Terrariums, da sie sowohl das Wasser filtert als auch das Entstehen von Algen oder Schimmel verhindert.

Schritt 5: Erde
Gib über den Trichter die Erde hinzu. Die Schicht sollte mindestens 5–7 cm dick sein, damit die Pflanzen genug Platz haben, um sich zu entfalten. Drück die Erde mithilfe eines Holzstäbchens mit einem Korken am Ende nach unten.

Schritt 6: Enttopfen
Obwohl viel Platz in der Korbflasche ist – lass dich nicht hinreißen, ihn auszufüllen. Vergiss nicht, die Pflanzen wachsen. Circa 2 cm Abstand zwischen den Pflanzen sollten ausreichen. Entferne vorsichtig den bisherigen Topf von der Pflanze und dabei auch so viel Erde wie möglich, ohne die Wurzeln zu beschädigen.

Schritt 7: Die Pflanzen vorbereiten
Zerteile jede Pflanze in kleinere Partien. Achte dabei darauf, dass jedes Pflänzchen genug Wurzeln behält. Überschüssige oder beschädigte Blätter kannst du einfach mit der Schere abschneiden.

Schritt 8: Das Pflanzloch
Bohre mit dem Stock ein Loch in die Erde (dieses darf bis hinunter zu den Kieselsteinen reichen). Wichtig: Der Durchmesser des Lochs muss groß genug für die Wurzeln der Pflanze sein. Nutze eine große Pinzette, um die Pflanze vorsichtig in die Erde zu setzen. Du kannst sie auch von oben herabfallen lassen, wenn du keine Gartenpinzette zur Hand hast.

Schritt 9: Einpflanzen
Nimm den Stock (oder zwei) und justiere die Pflanze. Stelle sicher, dass die Wurzeln alle im Loch stecken und ausreichend mit Erde bedeckt sind. Dann drückst du mit dem Korken die Erde um die Pflanze herum vorsichtig an. Falls du noch Erde bewegen musst, lässt sich das auch mit dem Stock machen.

Schritt 10: Ohne Moos nix los
Teile das Moos in kleine Stücke und ordne es um deine Pflanzen herum an. Dafür verwendest du einen Stock oder eine Pinzette. Falls das Moos zu trocken scheint, gib ihm einen Spritzer Wasser aus der Sprühflasche, bevor du es ins Terrarium pflanzt.

Schritt 11: Sauberkeit und Ordnung
Entferne mit einer feinen Bürste (neue Zahnbürste!) jeglichen Schmutz oder Erde von den Pflanzen und dem Moos. Das Glas reinigst du zum Schluss nochmals von innen, am besten mit dem Schwamm am Stiel.

Schritt 12: Gießen und verschließen
Gib 2–3 Sprüher Leitungswasser ins Terrarium und verschließe es mit dem mitgelieferten Korken. Hierdurch bringst du den Wasserkreislauf in Gang. Es sollte das einzige Mal Gießen für eine sehr lange Zeit sein.

Bodenständig

Diese Pflanzgefäße verschaffen grünen Schönheiten einen spektakulären Auftritt

1. Farben-Meer
Du hast viel Platz auf dem Fußboden? Gegensätzliche Farben – gern Neon, der beste Kontrast zu Grün – sind Hingucker und bringen Farbe in dein Nest. Im Internet findest du solche handgewebten Körbe in allen Größen und Farben.

2. Schwarz geht immer
Dieser stabile, schlanke Korb ist perfekt für eine kleine Wohnung. Die filigrane Form aus Metall im pechschwarzen Finish schafft dezent Platz für eine ganze Indoor-Oase. Bepflanz ihn mit Farn oder der heilenden Aloe vera. Oder leg in deiner Küche einen kleinen Kräutergarten an.

3. Hoch die Töpfe!
So ein dreibeiniger hoher Topfständer hebt deine Pflanzen auf das nächste Level. Gold und Türkisblau bringen Glamour in die Wohnung. Ähnliche Pflanztöpfe findest du zum Beispiel auf theforestandco.com und etsy.com. Am spannendsten in verschiedenen Höhen!

4. Schwerer Junge
Dieser dreibeinige Topf ist eine sichere Basis für mittelgroße Pflanzen wie die Friedenslilie oder kleinwüchsige Palmen. Aus Stein gefertigt, mit einem weißen Finish, steht er auf drei spitz zulaufenden Buchenbeinen. Für ca. 89 Euro über coxandcox.co.uk.

Standing Ovations

Hol dir ein Stück Scandi-Chic ins Haus mit diesem mobilen Tisch. Sein Design ist eine stylishe Kombination aus Metall und Holz – eine gute Ergänzung für ein modernes, minimalistisches Zuhause. Auf drei Ebenen lassen sich jede Menge Pflanzen arrangieren, und dank der Rollen kannst du ihn jederzeit mühelos vors Fenster schieben, um deinen grünen Freunden ein wenig Abendsonne zu gönnen. Nebenbei bemerkt: Er eignet sich auch als rollender Butler für kalte Drinks! Ähnliche Tische über nordicnest.de.

WOHNZIMMER

DER PASSENDE BACKGROUND

Steigere die Vielfalt der Pflanzen und die Vorfreude auf dein Terrarium (siehe Seite 14) mit der passenden Tapete (Glasshouse von Sanderson). Das „Terrarium"-Design stapelt botanische Schönheiten wie Kakteen und Orchideen an deine Wand. Das Ganze wurde mit einer speziellen Technik gedruckt, um das Glänzen der Glasbehälter sichtbar zu machen. Zu haben mit verschiedenen Hintergrundfarben wie Chalk (Kreide; hier zu sehen), Botanischem Grün, Rhodera (ein intensives Rosa) sowie der dramatisch wirkenden Black Ink. Die Muster sind auch als Stoffe erhältlich.
Deutschlandweit in diversen Geschäften; eine Übersicht findest du auf stylelibrary.com. Rolle mit 10 Meter Tapete ca. 130 Euro.

RANDNOTIZEN

FÜRS WOHNZIMMER

EINE NACH DER ANDEREN

Natürlich würden wir alle am liebsten den Einkaufswagen vollladen, wenn wir schon mal in der Gärtnerei sind. Aber brems dich lieber und mach dir Gedanken über jede einzelne Pflanze. Fang klein an, mit nur einer Pflanze (okay, oder zwei). An der kannst du üben, und wenn es gut läuft, noch mehr ihresgleichen anschaffen. Weil wir die meiste Zeit im Wohnzimmer verbringen, shoppe den ersten Neuling für dort: Es ist am einfachsten, sich um eine Pflanze zu kümmern, die man ständig sieht.

EINGEWÖHNUNGSPHASE

Darryl Cheng vom Blog „House Plant Journal" erinnert uns an die Eingewöhnungszeit jeder einzelnen Pflanze: Nicht nur musste sie damit klarkommen, in einem Topf statt in der Wildnis zu leben, sondern auch mit dem Umzug von der Gärtnerei in dein Zuhause. Keine Sorge, wenn das ein oder andere Blatt gelb wird. Schneid es einfach ab und hilf deiner neuen Pflanze, sich einzugewöhnen. Mach es beispielsweise zum Morgenritual, während der Kaffee durchläuft mal kurz zu gucken, ob die Pflanze vielleicht auch einen Schluck trinken mag. Darryls Buch „Grünes Zuhause. Der Survival-Guide für Zimmerpflanzen" (14 Euro) gibt dir mehr Tipps, falls du an deinem grünen Daumen zweifelst.

DER WOW-FAKTOR

Der Pflanzenstylist Hilton Carter erklärt hier im Heft ab Seite 52 seinen Wunsch, von jedem der Gäste in seinem Haus ein „Wow!" zu hören, wenn sie es zum ersten Mal betreten. Während du an deinem eigenen „Wow!" arbeitest, hol dir zwischendurch ein bisschen Inspiration, indem du auf Instagram einen Blick in andere Pflanzenheime wirfst. Auf Seite 115 findest du dazu ein paar Empfehlungen von uns. Hol dir außerdem mit dem Hashtag #plantshelfie deine tägliche Dosis Grün. Auch die grüne Community wächst jeden Tag!

Aus der Pflanze, die den Mitbewohner ersetzen sollte, ist Summers grünes Reich geworden – und ein Lebensthema.

„Ich sage immer, die Pflege meiner Pflanzen ist wie eine bewegte Meditation."

Summer Rayne Oakes treibt die Liebe zu Zimmerpflanzen auf die Spitze: In ihrer Wohnung in Brooklyn wachsen mehr als eintausend! Sie betreibt den YouTube-Kanal „Plant One On Me", in dem sie Tipps rund um die Pflanzen gibt. Ihr Blog und ihre Instagram-Seite (@homesteadbrooklyn) gehören zu den besten Orten im Netz für Inspiration und Hilfe rund ums Grünzeug.

Außerdem ist sie das erste Eco-Model der Welt, hat mehrere Bücher geschrieben, u. a. das Buch „Pflanzenliebe", hat eine Ausbildung in Naturwissenschaften und Insektenkunde absolviert und kämpft seit Jahren dafür, die Welt nachhaltiger zu gestalten. Dafür arbeitet sie als Unternehmerin. Ihre Mission ist es, vor allem den Stadtmenschen „die Natur wieder näherzubringen", auch wenn es „etwas so Bescheidenes wie eine Zimmerpflanze" ist. Uns erklärt sie: „Menschen zu helfen, sich wieder mit der Natur zu verbinden, ein bewussteres Leben zu führen und nachhaltigere Systeme zu entwickeln – dafür stehe ich." Nach diesen inspirierenden, aufmunternden Worten sind wir gespannt auf ihren Tagesablauf.

Kannst du uns genauer erzählen, wie deine Liebe zu Pflanzen entstanden ist?

Klar. Ich bin auf dem Land aufgewachsen und hatte das Glück, direkt bei einem Bauernhof zu wohnen, sodass die Felder drum herum und der Wald meine Spielplätze wurden. Meine Eltern hatten einen Blumengarten sowie einen kleinen Obstgarten. Man kann also sagen, dass ich dauernd und überall von Pflanzen umgeben war. Und weil ich schon immer sehr neugierig war, bildeten Pflanzen da natürlich keine Ausnahme.

Erinnerst du dich an die erste Pflanze, die du jemals ausgesät hast?

Zusammen mit der Familie: Meine Eltern bauten fast alles an – Blumen wie Hyazinthen, Pfingstrosen und Veilchen, Gemüse wie Zucchini, Spargel und Knoblauch. Ganz zu schweigen von den Obstbäumen. Wir hatten fast jedes Jahr Kirschen, Äpfel und Stachelbeeren. Obendrein standen Zimmerpflanzen im Haus. Mein großes Interesse für die entstand allerdings erst, als ich nach New York gezogen bin.

Du hegst und pflegst inzwischen über tausend Pflanzen. Wie kam es dazu?

Schon als Kind habe ich gern kleine Ökosysteme erschaffen, fast wie Dioramen. Ich züchtete Pflanzen und sah Insekten beim Wachsen zu. Auf dem ▸

College nahm ich Biologieexperimente oft mit nach Hause, von Farnen bis hin zu Blutegeln. Letzteres fand mein Mitbewohner leider nicht so lustig. Als er auszog, vor zehn Jahren, besorgte ich mir meine erste Pflanze. Eine Geigen-Feige sollte irgendwie den Raum füllen, der sich ohne ihn ziemlich leer anfühlte. Und sie hauchte ihm auf faszinierende Art neues Leben ein. Von da an konnte ich nicht mehr aufhören, seitdem sammle ich. Nach wenigen Jahren hatte ich schon ein paar Hundert Pflanzen. Ich habe sie nie gezählt. Bis vor Kurzem, da musste ich eine Inventur machen, um ein System zu entwickeln, alle meine Pflanzen regelmäßig zu düngen, zu gießen und zu schneiden.

Wo findest du neue Pflanzen?
An vielen Orten. In Läden, im Internet und ich veranstalte regelmäßig Pflanzentauschbörsen. Auch Sammler oder Menschen mit außergewöhnlichen Pflanzen fragen bei mir an, ob ich mich um diese kümmern kann. Das ist eine wunderbare Bestätigung für mich und meine Arbeit.

Züchtest du die Pflanzen zu Hause?
Ich züchte pausenlos irgendwelche Pflanzen, aber leider habe ich zu Hause nicht so viel Platz dafür, wie ich gern hätte. Momentan züchte ich indoor Dreimasterblumen, Philodendren, Efeututen und Wachsblumen (Hoya). Außerdem werde ich mich bald an Mongolischen Riesensonnenblumen, Goldmelisse und Borretsch versuchen. Die dann allerdings in meinem Outdoor-Garten.

Welchen Mehrwert bringen die vielen Pflanzen in dein Leben?
Ich denke, es kommt weniger auf die Menge an als auf die Tatsache, überhaupt Pflanzen zu besitzen. Das Arrangement und die Vielfalt sind sehr interessant und anregend. Ich experimentiere gern mit verschiedenen Pflanzen und verschiedenen Anbaumethoden. In dieser Zeit beobachte und genieße ich fast nur. Es gibt aus meiner Sicht nichts Vergleichbares. Ich sage immer wieder, dass die Pflege meiner Pflanzen wie eine bewegte Meditation ist: entspannend, beruhigend, interessant und erfüllend zugleich.

Würdest du uns etwas über dein Projekt „365 Days of Plants" erzählen?
Das war eine Challenge für mich selbst: Ich hatte mir vorgenommen, ein Jahr lang jeden Tag eine andere Pflanze vorzustellen, sowohl auf Instagram als auch auf YouTube. Das lief von Mai 2019 bis April 2020, die komplette Playlist ist auf meinem YouTube-Kanal („Summer Rayne Oakes") verfügbar. Die Idee entstand, als ich mir vor ein paar Jahren die Arbeit gemacht hatte, alle Pflanzen in eine Tabelle einzutragen. Bei über 560 Arten verliert man sonst schnell den Überblick. ▸

Summers Pflanzen kommen aus aller Welt, mittlerweile hat sie mehr als 560 verschiedene Arten zu Hause versammelt.

Das Licht und der verfügbare Platz werden optimal genutzt: Summer weiß, wie man Pflanzen unterschiedlich in Szene setzt.

Außerdem habe ich schon immer das Engagement und die Disziplin bewundert, mit der beispielsweise Künstler jeden Tag etwas zeichnen, ohne Ausnahme. Oder auch Schriftsteller, die jeden Tag schreiben. Davon habe ich mich inspirieren lassen, und ich freue mich, wenn ich diese Inspiration an andere Menschen weitergeben kann. Allerdings bekomme ich immer wieder Feedback von Zuschauern auf YouTube, darunter auch Anfragen, ob ich mich nicht auf bestimmte Pflanzenbereiche konzentrieren könne. Da ich aber ein möglichst breites Spektrum abdecken möchte, muss ich sie dann leider enttäuschen.

Erzähl uns bitte mal mehr über dein zuletzt auf Deutsch erschienenes Buch.

Das heißt „Pflanzenliebe: Warum uns ein grünes Zuhause glücklich macht". Darin beschreibe ich auf philosophische Art und Weise unser Zusammenleben mit Pflanzen und was sie uns zurückgeben können. Unter anderem erzähle ich ein paar Geschichten und Erlebnisse aus meiner Online-Community – das Buch beinhaltet also auch eine Sammlung verschiedener Menschen in verschiedenen Lebensstadien, die alle eine große Gemeinsamkeit verbindet: die Liebe zu den Pflanzen.

Inwiefern wirken sich Pflanzen auf unsere Stimmung aus? Und glaubst du, dass uns das Pflegen einer Pflanze dazu bringt, uns mehr um unsere Mitmenschen zu kümmern?

Neulich war ich auf einer Pflanzenbörse in Los Angeles, wo ich ein paar Pflanzen gekauft und im Flugzeug mit nach Hause genommen habe. Ich stehe also am Flughafen mit Pflanzen als Handgepäck. Eine Dame kommt auf mich zu und fragt, ob ich mal kurz auf ihren Koffer aufpassen könnte. Konnte ich. Später fragte ich nach, und sie sagte, die Pflanzen hätten bei ihr den Eindruck erweckt, dass ich vertrauenswürdig sei! Ich fand das herrlich erfrischend. Aufgrund dieser Situation nehme ich an, dass die Pflege von Pflanzen mit Fürsorge, Umsichtigkeit und, ja, auch mit Vertrauenswürdigkeit und Verlässlichkeit assoziiert wird. Wenn du diese Fähigkeiten nicht nur auf deine Pflanzen, sondern auch auf dein Umfeld anwendest, kannst du die Welt um dich herum ein bisschen besser machen.

Und noch was zum Thema „Pflanzen verbessern unsere Stimmung": Dies ist inzwischen wissenschaftlich erwiesen. Ich denke aber, dass wir das schon vorher gewusst haben. Man spürt es einfach!

Glaubst du, dass die Pflege einer Pflanze im eigenen Heim uns auch engagierter für die Umwelt im Allgemeinen macht?

Jemand, der umsichtig und neugierig ist und nur das Beste für seine Pflanzen möchte, wird von selbst anfangen, sich mehr mit der Natur zu verbinden. Ich ▸

glaube, dass Pflanzen im Haus die Grundlage für mehr Pflichtbewusstsein gegenüber unserer Umwelt und unserem Planeten sein können.

Du hast so viele Projekte gleichzeitig am Start. Wie schaffst du es, da den Überblick zu behalten?

Den Großteil meiner Zeit widme ich dem Schreiben, meiner Videoarbeit und der Beratung. Ich nehme mir aber auch Zeit für andere Leidenschaften. Mein Tagesablauf sieht ungefähr so aus: Ich stehe morgens früh auf, zwischen 5.30 und 6 Uhr, dann kümmere ich mich zuerst um mein Huhn, das ich als Haustier halte, es heißt Kippee. Danach mache ich einen schnellen Kontrollgang durch die Wohnung, schaue mir die Pflanzen an – welche muss gegossen werden etc. Anschließend frühstücke ich und gehe dann mit Kippee rüber ins Altenheim. Dort pflege ich acht weitere Hühner. Das dauert eine ganze Weile. Ich habe also schon mit ziemlich viel Mist (von den Hühnern) zu tun – und das noch vor 7.30 Uhr früh. Wenn ich damit fertig bin, kehre ich zurück nach Hause. Je nachdem, was mein Tagesplan sagt, gehe ich dann laufen oder mache Yoga, danach dusche ich. Spätestens ab 9.30 Uhr arbeite ich dann schon an meinen Projekten. Schreiben, editieren, Shootings machen … Es kommt ganz auf den Tag an. Ich lege zwischendurch aber regelmäßig Pausen ein. Manchmal erledige ich ein wenig Arbeit im Gemeinschaftsgarten. Dort bin ich ehrenamtlich zweibis dreimal pro Woche tätig, außerdem dreimal täglich für die Hühner – diese Tätigkeiten geben mir einen Ausgleich zu meiner Hauptarbeit. Etwa um 20.30 Uhr mache ich Feierabend. Meistens lese ich dann noch ein paar Seiten und gehe schließlich ins Bett.

Was kann ein Stadtmensch tun, um seine Beziehung zu Pflanzen zu verbessern?

Nimm dir einfach mal die Zeit, nur wenige Minuten, um eine Pflanze genauer zu inspizieren – egal wo du gerade bist. Beispielsweise auf dem Weg zur Arbeit – da wächst bestimmt eine am Straßenrand oder steht in einem Schaufenster. Es reicht schon, sich nur diese eine Pflanze immer wieder mal genauer anzugucken und die Veränderungen über Tage und Wochen wahrzunehmen. Ich finde das sehr entspannend. Und es macht den Kopf frei.

Das Buch „Pflanzenliebe. Warum uns ein grünes Zuhause glücklich macht" von Summer Rayne Oakes (Mosaik Verlag, 15 Euro) hat einen philosophischen Ansatz und viele Tipps. Mehr über Summer auf ihrer Instagram-Seite @homesteadbrooklyn.

„Ich mag das Experimentieren mit verschiedenen Pflanzen. Diese Zeit nutze ich, um zu beobachten, zu genießen und Stress zu vergessen", schwärmt Summer.

SUMMERS PFLANZEN-STECKBRIEF

Deine Lieblingspflanze?
Peperomien (Zwergpfeffer) – die komplette Gattung.

Die Pflanze, die jeder zu Hause haben sollte?
Zamioculcas zamiifolia (Glücksfeder).

Der Geheimtipp für Zimmerpflanzen?
Das Licht nicht unterschätzen.

Dein liebster grüner Fleck auf der ganzen Welt?
Der 85.000 Quadratkilometer große Great-Bear-Regenwald an der Pazifikküste von British Columbia in Kanada.

Welcher Gärtner hat dich inspiriert?
Meine Eltern.

KÜCHE

Mach sie noch gemütlicher mit Kräutern und essbaren Pflanzen. Oder wie wäre es mit einer Orangerie?

Kreativ geht es hier bei vielen sowieso schon zu. Setz mit Pflanzen noch einen drauf! Klar, große, grüne Blätter sehen überall gut aus – essbare Pflanzen passen jedoch am besten auf das sonnige Fensterbrett in der Küche, damit du sie vom Schneidbrett aus leicht erreichen kannst. Kräuter und Gewürze zu ziehen liegt natürlich nahe, weil sie Selbstgekochtem noch einen frischen letzten Schliff geben. Basilikum, Minze, Petersilie und Zitronenmelisse gedeihen alle bestens indoor. Außerdem können sie in kleinen bis mittelgroßen Töpfen angebaut werden, sodass du den begrenzten Platz nicht allzu sehr ausreizen musst. Ein weiterer Vorteil kleiner Pflanzen ist, dass sie in einer belebten Küche nicht so schnell umgeschubst werden.

Chili- und Tomatenpflanzen sind auch sehr beliebt und gedeihen vor allem an einem hellen Ort. Beachte aber die starken Temperaturschwankungen, die nicht nur durch die Sonneneinstrahlung, sondern auch durch Herd und Backofen verursacht werden. Gleich das auf jeden Fall durch regelmäßiges Gießen aus – aber nicht zu viel! Beobachte am Anfang unbedingt, wie lange die Erde nach dem Gießen die Feuchtigkeit hält. Trocknet diese regelmäßig aus, finde besser einen neuen Ort für die Pflanze, vielleicht auch nur kurzzeitig. Siedel sie z. B. während einer Hitzewelle vom Fensterbrett auf den kühleren Küchentisch um. Eine Reihe Pflanzen in der Mitte des Esstisches sieht auch sehr ästhetisch aus.

Einen Hauch von Farbe und Duft bringt der Calamondin-Orangenbaum. Abhängig von deinem Budget (und Platz) gibt es z. B. bei Ikea oft schon günstige Exemplare für eine sonnige Fensterbank. Gärtnereien bieten auch größere Bäume an, die auf dem Boden stehen. Beide Varianten sind pflegeleicht und produzieren herrliche Früchte und Glückseligkeit gleich mit dazu. Falls dir die kleinen Orangen zu sauer schmecken, verarbeite sie zu Sirup oder Marmelade, oder garniere damit Gin oder Wodka für eine fruchtige Note.

> Wenig Platz in der Küche? Basilikum, Zitronenmelisse, Petersilie und Minze lassen sich auch in kleinen Töpfen indoor züchten

Sogar lästige Fruchtfliegen kannst du mit Pflanzen schnell bekämpfen: Die Venusfliegenfalle ist hier die beste Wahl. Auch diese fleischfressende Pflanze ist relativ pflegeleicht: Stell sie in die pralle Sonne, gieße sie mit Regenwasser statt Leitungswasser und besorge dir vor dem Umtopfen spezielle Karnivoren-Erde, die zu zwei Dritteln aus Torf besteht. Die Pflanze wird es dir danken, indem sie Fliegen und Mücken fängt.

Du kannst in der Küche auch hoch hinaus gehen. Wie würde dir z. B. Efeu gefallen, der vom Regal oder aus hängenden Töpfen herabwächst? Auch der macht sich nebenbei nützlich: Die Blätter des Efeus absorbieren den häufig in der Innenraumluft vorkommenden Schadstoff Formaldehyd. Ebenfalls sehr dekorativ ist der Gummibaum. Der fühlt sich in der Sonne am wohlsten, gern auch direkt am Fenster. Es ist normal, dass die Blätter des Gummibaumes eine Fettschicht produzieren – die allerdings wie ein Staubmagnet wirkt. Darum ist es ratsam, seine Blätter einmal pro Woche mit einem feuchten Tuch abzuwischen. So bleibt ein Gummibaum lange gesund.

Rechts: Auch Küche und Esszimmer kannst du mit Pflanzen spektakulär dekorieren. Töpfe mit Rankgewächsen auf hoch oben montierten Regalen schaffen einen grünen Vorhang, der immer dichter wird. Auf den Tisch kommen die Kräuter des heutigen Gerichts.

Kräuter, die man beim Kochen gern zur Hand hat

Hier siehst du die sechs Kräuter, die in keiner Küche fehlen dürfen (außer du kochst nur Kaffee)

Pflegeleicht und lecker: Kräuter sind die Favoriten unter den Küchenpflanzen. Finde zunächst ein möglichst sonniges Plätzchen für sie. Da die meisten Kräuter aus heißen Ländern stammen, darfst du sie bedenkenlos in die pralle Sonne auf der Fensterbank stellen. Vorsicht ist nur geboten, wenn sich dein Küchenfenster an der Südseite des Hauses befindet. Dann bring die Pflanzen während der Mittagszeit sicherheitshalber woanders hin, damit die Blätter nicht versengen. Die Töpfchen zusammen auf einem Tablett zu arrangieren vereinfacht nicht nur den Transport und das Gießen, sondern wirkt auch dekorativer. Achte auf genug Platz zwischen den Pflanzen, um die Luftzirkulation nicht zu beeinträchtigen. Gieße wenig, aber oft – kein Kraut steht gern in einem nassen Topf. Lass die Erde zunächst trocknen, bevor du den nächsten Schluck einschenkst.

Hier kommen unsere sechs Lieblingskräuter für den Indoor-Anbau. Wir haben mal mit den Standard-Kräutern angefangen, aber natürlich kannst du die Mischung nach deinem persönlichen Geschmack und Koch-Stil ergänzen. Im Allgemeinen sind kleinblättrige Pflanzen empfehlenswert, weil sie sich besser an den Innenbereich anpassen und nicht so oft umgetopft werden müssen.

Koriander
Nicht jeder mag ihn, aber wer gern asiatisch kocht, kann nicht drauf verzichten. Das Aroma des Korianders ist direkt nach dem Schneiden am intensivsten, was den Anbau in der Küche so praktisch macht. Koriander neigt allerdings dazu, schnell zu schießen. Das heißt, er produziert vorzeitig Blüten und neue Samen. Sobald das passiert, bekommen die Blätter einen bitteren Geschmack und werden ungenießbar. Du kannst das Schießen (auch Schossen genannt) eindämmen, indem du speziell darauf achtest, ihn nicht zu oft zu gießen.

Schnittlauch
Längere Stückchen Schnittlauch über eine Portion Kartoffelsalat oder Rührei gestreut – das ist heute noch genau so lecker wie früher. Schnittlauch in der Küche zu haben heißt auch, einen dezenten Zwiebelgeschmack griffbereit zu haben. Es gibt verschiedene Arten, probier doch z. B. mal den Knoblauch-Schnittlauch (auch Knolau genannt). Da die Stiele naturgemäß dem Licht entgegenwachsen, dreh den Topf regelmäßig ein Stückchen.

Petersilie
Wenn es bei einem Gericht mehr um das Aussehen gehen soll, empfiehlt sich krause Petersilie: Ihre Blätter haben eine einzigartige Rüschenform. Für intensiveren Geschmack empfiehlt sich jedoch die Petersilie mit glatten Blättern. Misch eine Handvoll Sand mit in die Erde, damit das Wasser leichter hindurchfließen kann: Petersilie mag keinesfalls Staunässe.

Estragon
Lass dich von seinen schlanken Stängeln nicht täuschen: Estragon gehört zur Familie der Sonnenblumen. Der leichte Anisgeschmack macht ihn perfekt für Hühnchengerichte – ein Bissen, und du fühlst dich, als säßest du in einem Bistro in Frankreich. Es heißt, dass Estragon im antiken Griechenland zur Behandlung von Zahnschmerzen verwendet wurde. Wir empfehlen trotzdem, ihn ausschließlich zum Würzen zu verwenden und weiterhin brav zum Zahnarzt zu gehen.

Minze
Ständig kommen neue Geschmacksrichtungen auf den Markt. Von Minze mit Erdbeer-Sahne-Geschmack bis hin zur Mojito-Minze führen Kräuterhandlungen an die 80 Sorten. Mit der leicht zu züchtenden Minze hat jeder einen grünen Daumen: einfach einen Stiel in ein Glas Wasser stellen, schon nach 1–2 Tagen sprießen die ersten Wurzeln. Nach ein paar weiteren Tagen kann die Minze in einen Topf umziehen. Schneide zunächst einen Großteil der Blätter ab, sodass sich die Pflanze auf die Wurzelbildung konzentrieren kann, statt viel Laub zu schleppen.

Basilikum
Hol dir das Mittelmeer-Feeling in die Küche (und in die Pasta). Das Beste: Basilikum bekommst du günstig und in Bio-Qualität in jedem Supermarkt. In Italien ist das süße Basilikum (Ocimum basilicum) am weitesten verbreitet. Davon gibt es Varianten in Rot oder Lila (Rosie, Rotes Genoveser oder Dark Opal) – ein erfrischender Farbklecks in jedem Salat.

Salat im Haus – eine runde Idee

Auf den letzten Seiten haben wir gezeigt, wie du ohne Garten deine eigenen Kräuter züchtest. Jetzt gehen wir noch einen Schritt weiter: Mit diesem genialen Kranz kannst du dir sogar einen Topf sparen!

Weihnachtskränze sind traditionell sehr beliebt – im Herbst bietet fast jede Gärtnerei Workshops an, in denen man selbst Kränze herstellen kann. Doch Kränze passen nicht nur in die Weihnachtszeit, sondern haben in jeder Jahreszeit ihre Daseinsberechtigung.

Und wer sagt, dass sie immer aus abgeschnittenen Zweigen und Blumen bestehen müssen? Du kannst auch lebendige Pflanzen ganz einfach als Kranz arrangieren. Den musst du dann nur einmal pro Woche baden oder gießen, um die Pflänzchen bei Laune zu halten. Im Internet finden sich zahlreiche Anleitungen, wie du die Grundstruktur für einen Kranz baust. Darin kann sich dann von Sonnenblumen bis hin zu farbenfrohen Sukkulenten jede Pflanze einnisten. Wenn du noch einen Schritt weiter gehen möchtest, bastelst du einen Kranz, der nicht nur lebt, sondern auch wächst und Zutaten für dein Mittagessen liefert – so wie dieser nachwachsende Salatkranz. Er eignet sich auch gut für Neulinge und entwickelt sich in jeder stilvollen und nachhaltigen Küche zum origineller Blickfang.

> Kränze aus Schnittgut – okay. Aber lebendige Pflanzen lassen sich genau so arrangieren und geben dir etwas Leckeres zurück

Ein wenig Erde, mit Moos umwickelt, bietet schon genug Platz für ein paar Salatblätter. Um anzufangen, brauchst du nur Salatsamen oder einen Salatkopf mit Wurzeln. Auf der nächsten Seite findest du eine detaillierte Anleitung. Es ist egal, ob du den Kranz dann aufhängst oder auf einem Teller auf dem Küchentisch präsentierst – du hast in jedem Fall täglich frischen Salat zur Hand. ▸

So ein Salatkranz ist mehr als reine Küchen-Deko – und auch ein originelles Geschenk für Freunde.

DEIN EIGENER, NACHWACHSENDER SALATKRANZ

… ist gleichzeitig die perfekte Lösung bei Platzmangel auf dem Fensterbrett

Schluss mit welken Salatblättern im Kühlschrank. So bastelst du dir ganz leicht ein nahrhaftes und lebendiges Kunstwerk. (Das klappt natürlich auch mit anderen kleinen Pflanzen für andere Räume.)

Das brauchst du:
Einen runden Doppelrahmen aus Draht für den Kranz (Internet), Moosmatten (erhältlich beim Floristen oder in der Gärtnerei), Erde oder Komposterde, eine Spule Draht, einen Seitenschneider und einen Teelöffel. Außerdem das Wichtigste: junge Salatpflanzen (gekauft oder selbst gezogen, gern in verschiedenen Farben).

Schritt 1
Gib eine Handvoll Erde in eine Schüssel, so lässt sich leichter mit ihr arbeiten. Befestige das Ende des Drahts mit einer Wicklung oben am Rahmen des Kranzes. Wenn du den Kranz später aufhängen möchtest, kannst du mit dem Draht schon mal eine Öse formen. Schneide ihn aber keinesfalls ab.

Schritt 2
Leg die Moosstücke umgedreht unter den Rahmen, so wie du es oben auf den Fotos siehst. Achte darauf, dass sie groß genug sind, um vorne (oben) noch überlappen zu können. Streue jetzt mit dem Löffel nach und nach Erde zwischen die beiden Drahtringe.

Schritt 3
Falte das Moos sorgfältig über dem Rahmen zusammen und umwickle das Ganze mit Draht. Keine Sorge, den wird man am fertigen Kranz nicht mehr sehen. Achte darauf, die Abstände eng genug zu machen, damit das Moos hält, gleichzeitig aber genug Platz für die Salatpflanzen zu lassen. Schneide nach der letzten Umwicklung den Draht ab und befestige das Ende. Die Erde sollte überall lückenlos von einer dicken Moosschicht umschlossen sein.

Schritt 4
Jetzt bohrst du ein kleines Loch in das Moos und bettest eine Salatpflanze so hinein, dass die Wurzeln die Erde berühren. Drück das Moos um die Pflanze herum wieder fest. So fährst du fort, bis der ganze Kranz voll ist. Denk aber dran, dass die jungen Pflanzen noch wachsen und deshalb nicht zu dicht gepflanzt werden dürfen. Füll danach das Spülbecken mit Wasser und tauche den Kranz hinein, damit Moos und Erde feucht werden. Lass ihn noch ein paar Stunden abtropfen, dann ist dein neuer Kranz fertig zum Aufhängen!

KÜCHE

REGALE UPCYCELN

Pflanzen auf Borden anzuordnen spart viel Platz. Die müssen nicht neu sein: Ausgediente (Küchen-)Möbel, Pfannenständer und das Innenleben alter Einbauküchen funktionierst du schnell zu Pflanzenregalen um – für draußen oder drinnen. Darauf tut ein Wasserfleck dann auch nicht weh. ***Flohmärkte sind dein Jagdrevier. Mit Glück findest du noch passende Übertöpfe dazu!***

Show-Effekt inklusive: besondere Töpfe

Die Pflanze ist das Herzstück deines Regals. Mach sie mit Farben und Formen unübersehbar!

1. Tierisch hilfreich
Lloyd, das Lama, kommt aus glänzendem weißen Porzellan daher und steht – wie das Original – auf vier stabilen Füßen. Ob Steckling oder Mini-Kaktus, auf Lloyds Rücken fühlt sich jede kleine Pflanze sicher. Für ca. 13 Euro über geschenkidee.de.

2. Blätterwerk
Von den Außenblättern der Artischocke inspiriert, bringt dieser kleine Keramiktopf eine neue Textur in deinen Indoor-Garten und lenkt die Aufmerksamkeit auf eher unscheinbare Pflanzen. Sein blaugrün glänzendes Finish passt z. B. perfekt zu Sukkulenten. Ähnlich über bloomboxclub.de, für ca. 16 Euro, in verschiedenen Größen.

3. Gesicht zeigen
Ehrlich gesagt ist es bei diesem Kopf, äh, Topf egal, welche Pflanze du darin großziehst, ein Blickfang ist er allemal. Passenderweise verleihst du „Mrs. Schultz" mit einem kleinen, ähem, Frauenhaarfarn die passende Frisur. Eine große Auswahl an Übertöpfen mit Gesichtern ist online erhältlich, warum nicht also eine ganze Mannschaft zusammenstellen? Für ca. 18 Euro über senfgelb.com.

4. Für dich – und andere
Von den leuchtenden Federn des Aras inspiriert und handgefertigt aus reiner Baumwolle, machen diese Stoff-Pflanzentöpfe dreifach glücklich, denn Molly Leslies Produkte sind nicht nur umweltfreundlich, einen Teil ihrer Einnahmen spendet sie außerdem an Tier- und Umweltschutzorganisationen. Für ca. 13 Euro über mollyleslie.com.

Mit Ecken und Kanten
Individuelle Handarbeit, sodass niemals zwei gleich aussehen: Diese modernen Pflanztöpfe werden aus mehrlagigem Sperrholz gefertigt. Priormades Leidenschaft gilt recyceltem und nachhaltigem Material, der Verschnitt wird zu Magneten oder Schmuck verarbeitet. Ab ca. 15 Euro über priormade.co.uk.

Einkaufsliste
Käse
Milch
Brot
Joghurt
Salz
Zitronen
Wein
Bananen
Oliven

RANDNOTIZEN

FÜR DIE KÜCHE

TÖPFE TEILEN

Viele Kräuter machen sich besonders gut, wenn sich mehrere einen Topf teilen. Das spart Platz, und die Vielfalt der Blattformen und -texturen sieht einfach nur gut aus. Damit alle gesund bleiben, raten wir, Pflanzen mit einem ähnlichen Wasserbedarf zu kombinieren. Ein holziger Rosmarin braucht z. B. viel weniger Wasser als die weichen Korianderstängel. Wenn du einen extragroßen Topf nimmst, kannst du die einzelnen Pflanzen sogar mitsamt ihrem Topf in den großen setzen.

AUF EINE TASSE TEE MIT DEM FARN

Viele Gärtner schwören drauf: Es kann so mancher Pflanze guttun, wenn du deine nächste Tasse Tee mit ihr teilst. Als Säureliebhaber sind z. B. die Farne einer Tasse Tee nach dem Gießen nicht abgeneigt. Aber ohne Milch oder Zucker! Heb auch die Teeblätter auf. Sie lassen sich als Dünger für die Erde verwenden. Wirklich kurios klingt der Tipp, große Blätter (Gummibaum!) mit Mayonnaise einzureiben. Das soll den Glanz bewahren. Fachleute empfehlen, lieber Bananenschale zu nehmen und die Blätter von Zeit zu Zeit mit der weißen Seite abzureiben.

IM WARMEN STÜBCHEN

Einigen Gartenpflanzen wird es im Winter draußen zu kalt. Ein helles Fensterbrett in der Küche eignet sich z. B. ideal für Geranien, die offiziell zu den Pelargonien zählen. Wenn du sie einmal pro Monat gießt, blühen sie eventuell sogar den Winter hindurch. Die Buntnessel und kleine Fuchsien fühlen sich drinnen auch wohler. Tipp: Das Umsiedeln ins Winterquartier gelingt am besten bei Pflanzen, die sich bereits in Töpfen befinden. So werden die Wurzeln nicht gestört.

„Schau dir die Natur an, und du wirst alles verstehen“

ALBERT EINSTEIN

kronendach

×

plantsome

12 PFLANZEN-PROFILE + RABATTCODE

Die perfekte Pflanze für dich

Dein Guide mit allen Infos zu den beliebtesten Zimmerpflanzen.

Willkommen in der Welt der Zimmerpflanzen!

Beim Durchblättern des Magazins wie auch dieses Extra-Guides hörst du bestimmt mehr als einmal den Ruf „Hol mich nach Hause!“ und hast vielleicht schon einen Pflanzen-Wunschzettel im Kopf. Die Auswahl ist riesig und verführerisch. Aber es ist ein bisschen wie bei Tinder: Zusammen kann es nur funktionieren, wenn auch die Pflanze Ja zu dir sagt. Du brauchst ein Match, um euch beiden Frust und dir unnötige Ausgaben zu ersparen. Das heißt konkret: Die Bedürfnisse der neuen Pflanze sollten zu deinem Leben und deinem Zuhause passen.

Pflanzen haben einen Effekt auf jeden Raum. Sie betonen dein Einrichtungskonzept, bringen eine gewisse Stimmung hinein und machen das Ganze gleich viel einladender. Die Kaufentscheidung fällt leichter, wenn du zunächst herausfindest, für welche Pflanzen sich deine Wohnung überhaupt eignet. Fang mit dem Zimmer an, für das du dir am sehnlichsten eine Pflanze wünschst. In der Übersicht rechts haben wir die zwölf beliebtesten Zimmerpflanzen nach Zimmern und Pflegeaufwand sortiert. Weiter hinten kannst du dann Details nachlesen.

Oder du nutzt den Pflanzenfinder auf plantsome.de. Ein paar Klicks und zwei, drei Tage später steht deine Wunschpflanze vor der Tür. Die Firmengründer Axel und Thom wollten den Pflanzenkauf vereinfachen, dir Fahrerei, schweres Tragen und lange Pflegeanleitungen ersparen. Diese Mission verfolgen sie mit Humor und grünen Herzen. Also lass dir tolle Pflanzen liefern und die Pflege abnehmen. Dafür haben die beiden auch die „Plantsome App“ entwickelt, die dir mitteilt, wann es Zeit zum Gießen ist. Da kann doch nichts mehr schiefgehen.

Um unsere Kooperation zu feiern, bekommst du für deine Bestellung mit dem Code **KRONENDACH2021** bis zum 31. August 2022 einen Rabatt von 5 Euro (Teilnahmebedingungen, siehe Seite 51). Wir sind sicher: Schon bald werden du und deine neue Pflanze ein glückliches Paar, das jahrelang zusammenbleibt.

Dein **kronendach**-*Team und Mia von Plantsome*

12 Lieblinge in der Übersicht

Dt. Bezeichnung	*Wissenschaftlicher Name*	*Seite*	*Pflegeleicht*	*Küche*	*Badezimmer*	*Schlafzimmer*	*Flur*	*Büro*
Korbmarante	Calathea orbifolia	54		✓	✓	✓	✓	✓
Chinesischer Geldbaum	Pilea peperomioides	55		✓	✓			
Schwertfarn	Nephrolepis	56	✓	✓	✓	✓	✓	✓
Efeutute	Epipremnum aureum (Golden Pothos)	57	✓					
Geigenfeige	Ficus lyrata	58					✓	✓
Zwergpfeffer	Peperomia obtusifolia	59	✓	✓		✓	✓	✓
Goldfruchtpalme	Dypsis lutescens	60	✓	✓	✓	✓	✓	✓
Friedenslilie	Spathiphyllum lima	61	✓	✓	✓		✓	
Köstliches Fensterblatt	Monstera deliciosa	62	✓	✓	✓			✓
Bogenhanf, Schwiegermutterzunge	Sansevieria	63	✓			✓		✓
Elefantenohr	Alocasia zebrina	64		✓	✓		✓	✓
Paradiesvogelblume	Strelitzia nicolai	65		✓	✓	✓	✓	✓

Die Calathea begeistert uns mit ihrem aufregenden Blattmuster.

KORBMARANTE

Calathea orbifolia

Ihre Blüten erinnern mitunter an Körbe, daher der Name. Allerdings blüht sie im Zimmer praktisch nie. Doch das verzeihen wir ihr sofort, denn sie bringt ein wunderschönes, grün-silbrig gestreiftes Blattmuster mit und reinigt die Raumluft. Noch etwas Besonderes: Die Korbmarante nimmt abends eine Art Schlafposition ein, die Blätter richten sich dann auf und schließen sich. Daher wird die Calathea auch „lebende Pflanze" genannt (was nicht sehr sinnig ist). Wegen ihrer Vorliebe für eine hohe Luftfeuchtigkeit fühlt sich diese Schönheit aus der Familie der Pfeilwurzgewächse im Bad sehr wohl, sie kommt auch mit wenig Licht aus.

Infos & Pflege			
Licht	Mäßiges bis helles, indirektes Licht; verträgt aber auch Halbschatten. Direkte Sonneneinstrahlung vermeiden.	*Düngen*	In den warmen Monaten freut sich die Calathea alle zwei Wochen über eine Portion Flüssigdünger. Zu viel davon oder in den kalten Monaten gegeben kann aber die Wurzeln beschädigen.
Gießen	Lass die Erde nie völlig austrocknen! Die Pflanze trinkt viel und verträgt trotzdem keine Staunässe. Wird sie zu durstig, lässt sie langsam die Blätter hängen – Notsignal!	*Höhe und Wachstum*	Die Calathea wächst relativ langsam, kann mit der Zeit allerdings bis zu 100 cm hoch werden. Dabei wächst sie mehr in die Breite als in die Höhe.
Temperatur	Möglichst über 18 °C. Vermeide Temperaturen unter 10 °C im Winter und in der Nacht. Und bitte keine Zugluft.	*Ursprung*	Brasiliens und Kolumbiens Regenwälder
Luftfeuchtigkeit	Gern hoch! Erhöhe die Luftfeuchtigkeit, indem du alle zwei Tage um die Pflanze herumsprühst.	*Extra-Tipps*	Beim Umtopfen in eher saure Rhododendron-Erde setzen. Die Calathea ist ungiftig – gute Gesellschaft für Kleinkinder und Haustiere.

Mit seinem minimalistischen Design liegt er im Trend.

CHINESISCHER GELDBAUM

Pilea peperomioides

Auch als Glückstaler oder Ufo-Pflanze bekannt, gehört der Chinesische Geldbaum zu den Brennnesselgewächsen. Seine glatten, runden, mittelgrünen Blätter werden von langen, eleganten Stielen getragen. Da er sich in warmen, hellen Räumen wohlfühlt, passt er z. B. perfekt in die Küche. Du suchst eine schicke und moderne Zimmerpflanze? Gefunden! Sein minimalistisches Design liegt total im Trend, derzeit sollte in jedem Regal ein Chinesischer Geldbaum stehen.

Infos & Pflege

Licht	Mäßiges bis helles, indirektes Licht; verträgt aber auch Halbschatten. Direkte Sonneneinstrahlung vermeiden.	*Düngen*	Nach dem Umtopfen wird der Chinesische Geldbaum nicht gedüngt. Ansonsten in Abständen von zwei bis drei Wochen ein wenig Flüssigdünger. Aber bitte weniger, als auf der Packung angegeben ist.
Gießen	Lass die Erde nie ganz austrocknen und beobachte ihn: Bei großem Durst lässt die Pflanze langsam die Blätter hängen. Sie verträgt außerdem keine Staunässe.	*Höhe und Wachstum*	Erreicht bis zu 30 cm. Schnell wachsend.
Temperatur	Durchschnittlich bis warm; 16 bis 24 °C. Kommt aber auch mit Temperaturen bis runter auf 10 °C zurecht.	*Ursprung*	Südchina
Luftfeuchtigkeit	Die Pilea peperomioides benötigt eine erhöhte Luftfeuchtigkeit. Die erzeugst du, indem du eine Schale mit Kieselsteinen und Wasser unter ihren Topf stellst.	*Extra-Tipps*	Wenn der Geldbaum Blätter abwirft, ist es ihm zu dunkel oder zu nass. Eine kühle Winterzeit begünstigt die Blütenbildung.

Ein grüner Klassiker, der uns seit bald 200 Jahren begleitet. Verständlich.

SCHWERTFARN

Nephrolepis exaltata

Seit Langem eine der beliebtesten Zimmerpflanzen, und das wortwörtlich: Der Schwertfarn fühlt sich in jedem Raum wohl. Bei guter Pflege werden seine Blattwedel bis zu einem Meter lang! Je nach Variante können sie auch kraus, wellig oder gedreht wachsen. Diese Farn-Art ist sehr pflegeleicht, nur relativ durstig und filtert Schadstoffe aus der Luft. Stell den Schwertfarn auf ein Podest oder häng ihn auf, er sieht immer gut aus.

Infos & Pflege

Licht	Der Farn mag mäßiges bis helles, indirektes Licht und Wärme. Direkte Sonneneinstrahlung und Schattenplätze vermeiden.	*Düngen*	Während der Wachstumsphase im Sommer kannst du ihm einmal im Monat etwas Pflanzendünger nach Packungsanweisung geben.
Gießen	Halte seine Erde immer feucht, sonst wirft er die Blättchen ab. Aber keine Staunässe erzeugen!	*Höhe und Wachstum*	Der Schwertfarn wächst langsam und, weil die Wedel überhängen, eher in die Breite als in die Höhe.
Temperatur	Am liebsten 18 bis 23 °C, nie darunter. Heizungs- und Zugluft vermeiden.	*Ursprung*	Neuseeland und Südostasien
Luftfeuchtigkeit	Dschungelig hoch! Steigere die Luftfeuchtigkeit, indem du alle zwei Tage kalkarmes Wasser rund um den Schwertfarn versprühst.	*Extra-Tipps*	Lass einen Schwertfarn einziehen, wenn du dir ein Terrarium baust. Statt gießen: tauchen. 1 x im Monat duschen. Ungiftig!

EFEUTUTE

Epipremnum aureum

Die glänzenden Blätter der Efeutute schmücken sich je nach Sorte mit verschiedenen Flecken- oder Streifenmustern von Gelb über Gold bis Cremeweiß. Typisch sind ihre meterlangen Triebe – ideal, um mit einer Rankhilfe die Wände zu begrünen. Bekannt ist die Pflanze für einfache Pflege und ihre luftreinigende Wirkung. Die Variante Golden Pothos kommt auch mit schwachem Licht zurecht, ohne ihren Glanz zu verlieren. Am besten macht sich die Efeutute in einem hängenden Topf oder auf einer Säule. Schneide die Pflanze direkt an den Blattachsen (und ziehe neue aus den Triebspitzen), um sie buschiger wachsen zu lassen.

Die großen, glänzenden Blätter machen sich für uns als Luftreiniger nützlich.

Infos & Pflege			
Licht	Mittlere Lichtverhältnisse	*Düngen*	Verwöhne die Efeutute während der Sommermonate mit kleinen Portionen Universaldünger.
Gießen	Keine Sorge, sie ist resistent gegen Dürre. Gieß sie, sobald die Erde eine leichte Trockenheit aufweist. Zu viel Wasser verträgt die Pflanze allerdings schlecht.	*Höhe und Wachstum*	Schnell wachsend. In der Natur können die Ranken bis zu 20 m lang werden, im Haus bis zu 10 m! Schneide sie regelmäßig, um die gewünschte Länge beizubehalten.
Temperatur	Zimmertemperatur (zwischen 18 und 24 °C).	*Ursprung*	Französisch-Polynesien (Ozeanien)
Luftfeuchtigkeit	Kommt mit moderater Luftfeuchtigkeit zurecht, mag ein hohes Maß aber lieber.	*Extra-Tipp*	Da die Blätter der Efeutute einen hautreizenden Stoff enthalten, trag zum Umtopfen Handschuhe und lass Kinder und Haustiere nicht in ihre Nähe.

GEIGENFEIGE

Ficus lyrata

Falls du eine imposante Pflanze suchst: Probiere es mit dieser. Der Ficus lyrata hat riesige, glänzende Blätter mit ausgeprägten Adern. Ein Blatt kann bis zu 30 cm lang und 13 cm breit werden – das ist zumindest eine Kindergeige. Ideal für hohe Räume, weil die Pflanze aufrecht wächst und sich nicht breitmacht. Ist die Luftfeuchtigkeit länger zu niedrig, fängt sich die Geigenfeige leicht Schädlinge wie Schild- oder Schmierläuse ein. Regelmäßig kontrollieren! Und die Blätter auch mal feucht abwischen, bei der Größe sind sie Staubfänger und verlieren dann ihren natürlichen Glanz. Aber Vorsicht beim Anfassen, siehe unten.

Die riesigen, geigenförmigen Blätter übertrumpfen alle anderen Pflanzen im Zimmer.

Infos & Pflege			
Licht	Ficus lyrata mag helles, indirektes Licht, verträgt aber auch Schatten sowie die schwache Morgen- oder Abendsonne. Vermeide direkte Sonneneinstrahlung um die Mittagszeit.	*Düngen*	Gib ihr während der Wachstumsphase ein- bis zweimal im Monat eine kleine Dosis Dünger.
Gießen	Sobald die Erde an der Oberfläche leicht getrocknet ist. Halte die Erde feucht, zu viel Wasser kann allerdings zu braunen Flecken und abfallenden Blättern führen.	*Höhe und Wachstum*	Wächst langsam; kann im Zimmer bis zu 3 m hoch werden.
Temperatur	Die Idealtemperatur liegt bei 16 bis 24 °C. Vermeide Zugluft.	*Ursprung*	Westafrika
Luftfeuchtigkeit	Keine speziellen Anforderungen, gelegentliches Besprühen kann aber nicht schaden.	*Extra-Tipp*	Der Milchsaft ist schwach giftig; kleine Finger und Pfoten weg, Handschuhe an!

Die ideale Pflanze für alle, die pflegeleichte Mitbewohner bevorzugen und wenig Platz haben.

ZWERGPFEFFER

Peperomia obtusifolia

Man sieht es ihm an: Er kommt zwar aus der Familie der Pfeffergewächse, hat aber fleischige Blätter mit sukkulenten Eigenschaften, kann darin also Wasser speichern – ideal für alle, die gern mal das Gießen vergessen. Auch an den Standort stellt der Zwergpfeffer keine Ansprüche, nur im Bad ist es ihm zu feucht. Im Handel findest du sehr viele Sorten, auch mit gemusterten Blättern. In Brasilien wird die Peperomia gern verschenkt, weil sie für Glück steht – gute Idee, dann haben deine Freunde bald eine kleine Sammlung.

Infos & Pflege			
Licht	Mäßiges bis helles, indirektes Licht. Direkte Sonneneinstrahlung und Schattenplätze vermeiden.	*Düngen*	Mische in der Wachstumsphase im Sommer etwas Pflanzendünger ins Gießwasser (gern auch Kakteendünger), aber nur etwa die Hälfte der empfohlenen Menge und nur einmal im Monat.
Gießen	Als Halb-Sukkulente braucht die Peperomia nicht viel Wasser. Lass die Erde zwischendurch etwas austrocknen, sonst können die Wurzeln faulen.	*Höhe und Wachstum*	Der Zwergpfeffer wächst sehr langsam und wird nicht sonderlich hoch, du kannst mit 15 bis 30 cm rechnen. Die buntblättrigen Sorten werden etwas größer.
Temperatur	Gern das ganze Jahr warm zwischen 18 und 23 °C. Keinesfalls unter 15 °C.	*Ursprung*	Mittel- und Südamerika
Luftfeuchtigkeit	Der Zwergpfeffer kommt mit normaler Luftfeuchtigkeit gut zurecht, bitte nicht zu hoch, das begünstigt die Wurzelfäule.	*Extra-Tipps*	Je höher der Grünanteil der Blätter, desto mehr Schatten verträgt die Pflanze. Nur schwach giftig, keine Sorge.

GOLDFRUCHTPALME

Dypsis lutescens

Die Blüten und gelben Früchte sehen wir nur im Urlaub an den zehn Meter hohen Exemplaren. Trotzdem ist diese Pflanze, früher und manchmal heute noch Areca-Palme genannt, eine der bei uns beliebtesten Palmensorten. Sie schafft sofort eine tropische Atmosphäre – und schnell auch bessere Luft! – in jedem Raum. Ihre Pflege braucht etwas Aufmerksamkeit, aber das schaffst du.

Tropen-Feeling aus dem Topf – das kann keine so gut wie diese buschige Palme.

Infos & Pflege			
Licht	Mäßiges bis helles, indirektes Licht; verträgt aber auch Halbschatten. Direkte Sonneneinstrahlung vermeiden.	*Düngen*	Mische für einen gesunden Wuchs im Sommer alle zwei Wochen etwas Flüssigdünger ins Gießwasser (nach Packungsbeilage des Düngers!).
Gießen	Die Erde bitte konstant feucht halten und weder Staunässe noch ausgetrocknete Erde zulassen.	*Höhe und Wachstum*	Die junge Goldfruchtpalme wächst langsam, später schneller. Bei genügend Platz und Liebe kann sie im Zimmer immerhin bis zu 3 m erreichen.
Temperatur	Zwischen 18 und 23 °C. Möglichst nicht darunter, vor allem bei noch jungen Pflanzen.	*Ursprung*	Madagaskar
Luftfeuchtigkeit	Sie hat gelernt, mit weniger auszukommen, mag aber eine erhöhte Luftfeuchtigkeit. Sprühe alle zwei Tage um sie herum.	*Extra-Tipps*	Ideal für Hydrokultur, das erleichtert die Pflege. Sobald der Topf durchwurzelt ist, sehr vorsichtig umtopfen. Ungiftig.

Diese Pflanze filtert Giftstoffe wie Benzol und Formaldehyd aus der Luft. Vielen Dank!

FRIEDENSLILIE

Spathiphyllum Lima

Im Handel sind mehrere Spathiphyllum-Sorten erhältlich, alle eignen sich auch für unerfahrene Pflanzenfreunde. Mit ihren dunkelgrün glänzenden Blättern ist sie sehr dekorativ, und die großen, weißen Blütenblätter halten sich wochenlang. Da die elegante Friedenslilie obendrein Toxine aus der Luft entfernt, haben wir sie doppelt gern.

Infos & Pflege			
Licht	Mittel bis hell, kann sich aber an niedrigere Lichtverhältnisse anpassen. Die Friedenslilie bevorzugt indirektes Licht.	*Düngen*	Versorge sie während der Wachstumsphase ein- bis zweimal im Monat mit einer kleinen Portion Flüssigdünger im Gießwasser.
Gießen	Halt den Boden grundsätzlich feucht. Warte mit dem Gießen, bis die Oberfläche der Erde leicht angetrocknet ist. Bei zu wenig Wasser fängt die Pflanze an, die Blätter hängen zu lassen. Staunässe vermeiden.	*Höhe und Wachstum*	Die endgültige Höhe hängt von der Sorte ab: 30 bis 80 cm. Durchschnittliches Tempo beim Wachsen.
Temperatur	Übliche Zimmertemperatur (18 bis 24 °C), kommt aber im Winter mit Temperaturen bis runter auf 12 °C zurecht.	*Ursprung*	Südamerika
Luftfeuchtigkeit	Falls möglich, erhöhte Luftfeuchtigkeit. Sprüh sie regelmäßig mit Wasser ein.	*Extra-Tipps*	Mit kalkarmem Wasser besprühen (destilliert oder Regentonne), sonst kriegen die Blätter Flecken. Nicht essen (leicht giftig).

Die perforierten Blätter haben eine enorme Wirkung auf jeden Raum.

KÖSTLICHES FENSTERBLATT

Monstera deliciosa

Eine der derzeit angesagtesten Zimmerpflanzen – und eine der größten. Schon in den 1970ern war das Köstliche Fensterblatt sehr populär und bringt jetzt Retro-Chic ins Haus. Seine enorme optische Wirkung verdankt es den glänzenden, herzförmigen Blättern mit ihrer natürlichen Perforation. Es sind beeindruckende Varianten erhältlich.

Die Kletterpflanze nutzt Luftwurzeln, um im Regenwald in erstaunliche Höhen vorzustoßen. Auch indoor braucht sie Platz, z. B. in der Ecke eines großen Raumes. Wenn das Licht von allen Seiten kommt, wachsen die Blätter am schönsten. Bei feuchtwarmer Umgebung ist das Köstliche Fensterblatt pflegeleicht.

Infos & Pflege			
Licht	Gedeiht am besten bei hellem, indirektem Licht, kommt aber gut mit Halbschatten zurecht. Direkte Sonneneinstrahlung vermeiden.	*Düngen*	Während der Wachstumsphase einmal im Monat Universaldünger.
Gießen	Begießen, sobald die Erde anfängt, trocken zu werden.	*Höhe und Wachstum*	Wird bis zu 3 m hoch! Falls sie noch keinen hat, setz einen Moosstab dazu, an dem sie nach oben wachsen kann. Zu groß? Schneiden (und Ableger ziehen). Das Fensterblatt wächst langsam bis mittelschnell, abhängig von den Standort-Bedingungen.
Temperatur	Monstera deliciosa mag es warm bei 18 bis 27 °C, alles darunter kann das Wachstum dämpfen. Eine Temperatur von 12 °C sollte nicht unterschritten werden. Nicht in Zugluft stehen lassen.	*Ursprung*	Mexiko und Zentralamerika
Luftfeuchtigkeit	Durchschnittliche bis hohe Luftfeuchtigkeit. Trockene Luft (Heizung!) vermeiden.	*Extra-Tipps*	Staubige Blätter feucht abwischen – erhält Gesundheit und Optik der Pflanze. Kinder und Haustiere von der giftigen Pflanze fernhalten.

Pflegeleicht, schattentolerant, luftreinigend, interessante Optik – was will man mehr?

BOGENHANF

Sansevieria laurentii

Die Sansevierien sind eine etwa 70-köpfige Großfamilie. Die häufigen Sorten laurentii, trifasciata und zeylanica haben flache, mit Weiß und Gelb gemusterte Blätter, die Sansevieria cylindrica hat fast runde grüne Blätter. Alle Varianten sind äußerst robust. Ihre etwas schroffe und ungekünstelte Erscheinung hat einen eigenen Charme. Dank ihrer Bescheidenheit und ihrem anspruchslosen Naturell ist die Pflanze quasi unkaputtbar – diese Sukkulente bringt alles mit für eine lebenslange Freundschaft. Und hat der Bogenhanf erst ein paar Jahre auf dem Buckel, belohnt er dich vielleicht sogar mit duftenden Blüten.

Infos & Pflege			
Licht	Bevorzugt helles bis mittleres indirektes Licht, aber solange irgendwo im Raum ein Fenster ist, passt sie sich an.	*Düngen*	Eine schwache Mischung Kakteen- oder Universaldünger von Zeit zu Zeit, er ist aber nicht darauf angewiesen.
Gießen	Lass die Erde vor dem nächsten Gießen austrocknen. Der Bogenhanf speichert Wasser in seinen Blättern. Nach dem Gießen gründlich abtropfen lassen und, wie immer, Staunässe vermeiden, sonst faulen die Wurzeln.	*Höhe und Wachstum*	Wird zwischen 75 und 100 cm hoch, wächst langsam. Mit Kakteendünger (nur im Sommer, nur die halbe Portion) machst du dem Bogenhanf eine Freude.
Temperatur	Fühlt sich wohl bei 15 bis 23 °C, eine Minimaltemperatur von 10 °C ist für kurze Zeit auch okay.	*Ursprung*	Tropisches Westafrika
Luftfeuchtigkeit	Liebt trockene Standorte. Da sie Wasser in ihren Blättern speichert, sollte eine Sansevieria nicht zu viel Luftfeuchtigkeit und Wasser ausgesetzt werden. Die Blätter und Wurzeln neigen dann zur Fäule.	*Extra-Tipps*	Die Pflanze bildet Rhizome, kann somit leicht vermehrt werden. Schwach giftig, also nicht essen oder von Haustieren anknabbern lassen.

ELEFANTENOHR

Alocasia zebrina

Was für ein Stängel! Kein Wunder, dass man sie auch Tiger-Pfeilblatt nennt. Die Alocasia zebrina fühlt sich in jedem Raum wohl, solange sie genügend indirektes Licht bekommt und du regelmäßig die Luftfeuchtigkeit um sie herum erhöhst. Das gilt auch für ihre vielen, ebenso dekorativen und teils sehr großblättrigen Pfeilblatt-Verwandten. Eine Pflanze, die derzeit absolut im Trend liegt.

Ihre Blätter scheinen in der Luft zu schweben – da guckt jeder zweimal hin.

Infos & Pflege			
Licht	Mäßiges bis helles, indirektes Licht; verträgt aber auch Halbschatten. Direkte Sonneneinstrahlung vermeiden.	*Düngen*	Füge dem Gießwasser im Sommer alle zwei Wochen etwas Flüssigdünger hinzu (je nach Packungsbeilage des Produkts).
Gießen	Die Kunst besteht darin, die Erde konstant feucht zu halten. Die Alocasia verträgt kein Austrocknen und keine Staunässe.	*Höhe und Wachstum*	Die Alocasia wächst mehr in die Breite als in die Höhe, als Zimmerpflanze wird sie maximal 1 m hoch, im Schnitt 50 cm.
Temperatur	Zimmertemperatur zwischen 18 und 23 °C. Temperaturen unter 10 °C vermeiden.	*Ursprung*	Südostasien, genauer gesagt Borneo
Luftfeuchtigkeit	Die Alocasia liebt hohe Luftfeuchtigkeit. Sprühe alle zwei Tage kalkarmes Wasser um sie herum. Bei zu niedriger Luftfeuchtigkeit und Durst hängen die Blätter.	*Extra-Tipps*	Mische beim Umtopfen Torfmoos mit Blähton und Sand, dann ist die Alocasia froh. Achtung: kann hautreizend wirken.

Die Strelitzia ist eine Sonnenanbeterin und trinkt gern einen Schluck mehr.

PARADIESVOGELBLUME

Strelitzia nicolai

In freier Natur ist sie berühmt für ihre exzentrischen Blüten, die an tropische Vögel erinnern (darum auch als Papageienblume bekannt). Leider bilden sich Blüten in unseren Wohnzimmern nicht oft. Aber auch als reine Blattpflanze ist die Strelitzia sehr dekorativ. Sie liebt die Sonne und wächst hoch und horstig, darum gib ihr genug Freiraum zum Strahlen. Vor allem im Wohn- oder Badezimmer gefällt es ihr.

Infos & Pflege			
Licht	Direkte Sonneneinstrahlung, für andere Pflanzen schwierig, gefällt ihr. Auch helles, indirektes Licht. Schattige Plätze vermeiden.	*Düngen*	Da die Strelitzie im Sommer viel Energie verbraucht, dünge sie in dieser Zeit alle zwei Wochen mit etwas Flüssigdünger im Gießwasser. Im Winterhalbjahr aussetzen.
Gießen	Eine Strelitzie ist sehr durstig! Darum sollte die Erde konstant feucht sein. Aber nicht nass, sonst faulen die dickfleischigen Wurzeln.	*Höhe und Wachstum*	Eine Strelitzie wächst schnell und hoch hinaus, sie kann bis zu 2 m hoch werden.
Temperatur	Zimmertemperatur zwischen 18 und 23 °C. Temperaturen unter 10 °C vermeiden.	*Ursprung*	Ursprünglich Südafrika, inzwischen auch Kanaren und Madeira
Luftfeuchtigkeit	Am liebsten hoch, das genießt sie. Sprüh alle zwei Tage um sie herum. Bei zu niedriger Luftfeuchtigkeit rollen sich die Blätter ein.	*Extra-Tipps*	Ist die Pflanze zu groß geworden, kannst du sie an der Wurzel teilen. Vorsicht, giftig für Kleinkinder und Haustiere!

Dieser grüne Guide verrät dir,
welche Pflanze ideal in dein Zuhause passt,
was jede braucht, mag und nicht mag.
Damit du dich lange über sie freuen kannst.

Sonderaktion!
5 Euro Rabatt auf Zimmerpflanzen & Zubehör bei plantsome

Wir haben uns mit den Zimmerpflanzen-Experten von plantsome zusammengetan, um euch das Beste des Online-Pflanzenshoppings zu bieten. Viel Spaß!

Die fabelhaften Zimmerpflanzen in unserem Guide „Die perfekte Pflanze für dich" sind nur ein Bruchteil dessen, was der stilvollste Pflanzenladen im Internet zu bieten hat.

Stöber doch einfach mal ein bisschen auf der umfangreichen Website nach Pflanzennamen, nach dem Raum, für den du gerne etwas kaufen möchtest, oder nach angesagten grünen Trends.

Haustiere oder Babys zu Hause? Kein Problem. Wenig Licht oder direkte Sonne? Macht auch nichts. Pflanzenexperte oder Neuling? We got you! Wer Lust auf DIY hat, kann sich auch für spezielle Produkte zum Selbstzusammenstellen entscheiden.

Dazu gibt es noch jede Menge Tipps für die Anzucht und vieles mehr.

RABATT EINLÖSEN

Besuch www.plantsome.de und wähle aus, was du bestellen möchtest. An der Kasse gibst du den Code KRONENDACH2021 ein.

plantsome.de

TEILNAHMEBEDINGUNGEN

Das Angebot gilt bis zum 31. August 2022. Der Code kann nur einmal und nicht in Verbindung mit anderen Angeboten oder Rabatten verwendet werden. Bei allen Bestellungen gelten Standard Lieferbedingungen. Die Zahlung erfolgt zum Zeitpunkt des Kaufs. Dieses Angebot kann von Kunden außerhalb Deutschlands genutzt werden, jedoch nur für Lieferungen innerhalb Deutschlands. Die allgemeinen Geschäftsbedingungen findest du unter www.plantsome.de.

Da hinten ist zufällig noch Platz? Falscher Ansatz. Achte auf Form und Platzbedarf. Hohe, schmale Pflanzen sind ideal für Flure.

„Eine Statement-Pflanze bestimmt die Stimmung im ganzen Raum“

Der persönliche Stil ist unser Instrument, um der Welt unsere Individualität zu zeigen. Die gleiche Herangehensweise hilft, wenn du dir Zimmerpflanzen anschaffen möchtest. Wodurch unterscheidet sich dein Einrichtungsstil von denen deiner Freunde und Familie? Was ist dein persönlicher Wow-Faktor? Pflanzen zu kaufen sollte mehr sein, als nur in die Gärtnerei zu düsen, die erstbeste hübsche Pflanze zu greifen und daheim aufs Fensterbrett zu packen.

Für mich ist der Standort einer großen Pflanze genauso wichtig für die Planung der Einrichtung wie der Standort einer Couch oder des Esstischs. Ich fasse die Grundlagen für die Zimmereinrichtung so zusammen: ein Bett, eine Couch, ein Kühlschrank und eine Pflanze – und zwar nicht zwangsläufig in dieser Reihenfolge. Stell dir einfach die Frage, nach welchen Kriterien du ein Sofa aussuchen würdest. Der verfügbare Platz, die Farbe, das Material, die Textur, wie bequem es ist usw. Wenn du diese Punkte anpasst auch beim Pflanzenkauf beachtest, kann kaum etwas schiefgehen. ▸

EINE PFLANZE ALS STATEMENT

Das Hauptziel bei der Raumgestaltung ist das Definieren und Finden des sogenannten Statement-Stücks. Mindestens genauso wichtig ist dann die Statement-Pflanze. Sie beeinflusst durch ihr spezielles Aussehen die Stimmung im gesamten Raum. Gemeint ist die Art von Pflanze, die uns für einen langen Moment komplett in ihren Bann zieht, sodass wir sofort erkunden wollen, was direkt vor unseren Augen ist. Diese Pflanze schreit nicht nur nach Aufmerksamkeit, sie bekommt sie auch.

Die Wahl meiner persönlichen Statement-Pflanze wird immer durch meine Vorliebe für baumähnliche Pflanzen beeinflusst. Überleg mal kurz selbst: Wie viele deiner Bekannten haben einen Baum (einen BAUM) im Haus? Yep, geht mir auch so. Das ist also tatsächlich etwas Besonderes. Und genau das ist meine Definition für ein Statement. Die Statement-Pflanze bringt den Wow-Faktor, der jeden Gast zum Staunen bringen wird. Und was gibt es Besseres als Freunde, die neidisch auf unsere Pflanzen sind? Aber im Ernst, mir persönlich macht es großen Spaß, meine Gäste zu inspirieren. Und wer weiß – vielleicht lässt sich ja der ein oder andere von dir dazu inspirieren, sich auch ein Statement zu gönnen.

FORM UND AUSMASSE

Die Auswahl der Statement-Pflanze hängt von verschiedenen Faktoren ab: persönlichem Geschmack, wie viel Zeit du für die Pflege aufbringen kannst sowie der Umgebung, das heißt, wie hell es ist und wie viel Platz zur Verfügung steht. Nachdem du das geklärt hast, mach dir Gedanken darüber, welche Größe und Form sich am besten für dein Zuhause eignen. Für mich sind Pflanzen wie die Paradiesvogelblume (Strelitzia reginae), der Gummibaum (Ficus elastica), verschiedene Palmenarten sowie die Geigenfeige (Ficus lyrata) großartige Kandidaten für Statement-Pflanzen. Der Grund ist folgender: Diese Pflanzen können sehr groß werden und Generationen überleben. Neben der Gesamtgröße ist aber auch die Größe der Blätter entscheidend, wenn man nicht zu viel Dschungel zu Hause haben möchte. Ein Blatt der Paradiesvogelblume allein reicht schon aus, um jemandem den Weg zu verstellen.

Einen weiteren Vorteil dieser Pflanzen sehe ich darin, dass sich ihre Formen gut in das Raumdesign einfügen. Und da die meisten Pflanzen nach oben und außen wachsen, muss man sich keine Sorgen um den Platz auf dem Boden machen. Steht eine Geigenfeige neben deinem Bett, brauchst du nicht zu befürchten, eines Tages von einem Ast geweckt zu werden. Dieser Ficus wächst ▸

Stell deine Pflanzen auf wie ein Kunstwerk – auf der Hauptbühne mit Spot!

Schau über den Topfrand hinaus: Ein großer Topf muss nicht auf dem Boden stehen. Präsentiere ihn auf einem Hocker – verblüffender Effekt.

nämlich wie ein Baum über das Bett hinaus, sodass der Raum unter der Krone frei bleibt – sie beschirmt dich. Dies funktioniert auch mit dem Gummibaum sowie dem Fensterblatt.

DIE PARTNERSUCHE

Natürlich sollst du die Pflanze nicht komplett nackt in deine Wohnung stellen, sie hat schließlich auch Gefühle! Sie braucht das richtige Kleid, besser gesagt die richtige Hose – der Topf muss passen. Wie bei der Partnersuche: Du musst den passenden Topf für jede einzelne deiner Pflanzen finden.

DIE RICHTIGE AUFSTELLUNG

Erinnere dich mal kurz daran, wie ein Gruppenfoto gemacht wird: Je nach Körpergröße positioniert der Fotograf größere Personen hinten und lässt sie nach vorn hin immer kleiner werden, schließlich sitzen. So stellt er sicher, dass man auf dem fertigen Foto jedes Gesicht sieht. Genauso läuft es mit der Anordnung von Pflanzen in einem Raum.

Die richtige Aufstellung gibt deinen Pflanzen das Licht, das sie brauchen, während du sie gleichzeitig gut sehen kannst. Vermeide kleine Pflanzen zwischen großen, da die kleinen im Schatten der großen verschwinden würden. Außerdem würde es das Gießen und die generelle Pflege der kleinen Pflanze zusätzlich erschweren.

Fang mit der größten Pflanze entweder ganz links oder ganz rechts am Fenster an. So blockiert sie am wenigsten Fensterfläche. Ordne die anderen Pflanzen dann der Größe nach auf der Fensterbank an. Diese Anordnung ist nicht nur schick anzusehen, sondern tut auch deinen Pflanzen gut.

Diese Technik kannst du auf die Blattformen übertragen, indem du die Pflanze mit den größten Blättern nach außen stellst. Es gibt unendlich viele verschiedene Blattgrößen, -farben und -formen. So lässt sich auch mit verschiedenen Stimmungen experimentieren, indem du Gegensätze bündelst oder Ähnliches. Für mich ist die Mischung das, was den Wow-Faktor ausmacht. Zur Veranschaulichung habe ich mir in meinem Studio-Schlafzimmer einen Pflanzen-Thron gebaut. Was diese Sitzecke so schön macht, ist das Zusammenspiel von Geigenfeige (Ficus lyrata) mit den großen Blättern der Paradiesvogelblume (Strelitzia reginae) sowie den dramatisch wirkenden Blättern der Chinesischen Schirmpalme (Livistona chinensis). Die Pflanzen harmonieren trotz ihres unterschiedlichen Aussehens miteinander und springen sofort ins Auge. ▸

Im Endeffekt spielt die richtige Anordnung also immer eine wichtige Rolle, unabhängig von Platz oder Stil. Das habe ich bei mir zu Hause erlebt, und heute ist es meine wichtigste Erfahrung, die ich oft und gern weitergebe.

STELLPLÄTZE ERFINDEN UND ERWEITERN

Die Pflanzen nicht nur auf dem Boden, sondern auch auf dem Tisch, auf Regalen und sogar an Wänden zu arrangieren, macht dein Zuhause einzigartig und individuell. Die Mitte des Tischs eignet sich für viel mehr als nur Blumengestecke. Wenn die Lichtverhältnisse es zulassen, kannst du gut und gerne ein Bäumchen mitsamt Topf auf deinem Esstisch in Szene setzen. Wenn deine Decke hoch genug ist, häng doch einen großen Kranz aus Tillandsien (Luftpflanzen) auf. Achte in jedem Fall immer darauf, dass dein Indoor-Dschungel erweiterbar bleibt, um die grüne Liebe jahrelang ausleben zu können. Sei kreativ und probiere auch scheinbar verrückte Ideen aus – ohne dich zuzubauen.

Wenn ich eine Gruppe von Pflanzen neu anordnen möchte, erschaffe ich mithilfe von Holzbrettern oder Steinplatten mehrere Ebenen, damit sie in verschiedenen Höhen wachsen können. In meinem Wüstenfenster habe ich Schneidbretter verwendet, um die kleinen Pflanzen voneinander zu trennen. Im Wohnzimmer meines Studios habe ich solche Ebenen kreiert, indem ich für eine Pflanze zwei Töpfe verwendet habe. Das klingt spektakulärer, als es ist, ich habe sie nur aufeinandergestellt – den unteren Topf mit der Öffnung nach unten und den anderen obendrauf. Kleiner Effekt, große Wirkung: Nicht nur habe ich die Pflanze auf die gleiche Höhe wie die anderen gehoben, ich habe auch der kompletten Szene einen neuen Look gegeben. Das Gleiche gilt für den großen weißen Topf, der auf einem Hocker hinter dem Thron steht (beides siehst du auf dem Foto auf Seite 56). Da man so eine große Topfpflanze eher auf dem Boden vermuten würde, ändert die Erhebung die komplette Dynamik des Raums. Kurzum: Es sind die vielen kleinen Dinge, die in Kombination einen großen Unterschied machen.

Aus dem Buch „Wild at Home" von Hilton Carter (Englisch), CICO Books, ca. 15 Euro.

Wer ist hier der Hausherr? Die Pflanzen als Teil der Einrichtung zu sehen führt zu stilvollen, auffälligen Räumen.

SCHLAFZIMMER

Verwandle diese wichtige Ruhezone in einen lichten Dschungel, in dem du noch besser schlafen wirst

Da wir (mindestens) ein Drittel unserer Lebenszeit im Bett verbringen, ist es wichtig, dass unser Schlafzimmer die Ruhe und Geborgenheit ausstrahlt, die wir brauchen, um uns gut erholen und regenerieren zu können. Luxuriöse Bettwäsche und die beste Matratze sind eher langfristige und große Investitionen. Fang bei etwas Kleinem wie z. B. den Pflanzen an. Egal ob eine interessante Form, glänzend grüne Blätter oder bunte Blüten: Jedes Detail entfaltet eine Wirkung auf den Raum.

Doch nicht nur das, manche Zimmerpflanzen verbessern sogar aktiv den Schlaf. Wissenschaftler der NASA haben herausgefunden, dass Zimmerpflanzen die Luftqualität in Innenräumen verbessern, indem sie Schadstoffe aus der Luft herausfiltern und diese in ihren Blättern und Wurzeln speichern. Außerdem entdeckten sie, dass auch die Mikroorganismen in der Erde Schadstoffe absorbieren. Gute Neuigkeiten für diesen wichtigen Raum. In der Schlafzimmerluft finden sich nämlich mitunter Stoffe, die den Schlafrhythmus stören und sogar Atemprobleme verursachen können, darunter Formaldehyd (in Teppichrücken und Isolationen), Benzol (in Farben und Lösungsmitteln) sowie Trichlorethylen (aus chemisch gereinigten Kleidungsstücken). Mit anderen Worten: viel Futter für die Zimmerpflanzen.

Die Mexikanische Bergpalme (Chamaedorea elegans) ist eine gute Wahl. Das wedelförmige Laub passt in traditionelle genauso gut wie in modern eingerichtete Zimmer. Diese Palme kann sogar komplett ohne natürliches Licht auskommen! Gib deiner Pflanzen-Sammlung mit ein paar Usambaraveilchen (Saintpaulia) noch einen Hauch Romantik. Ob auf dem Fensterbrett oder dem Nachttisch – diese zierlichen Blümchen passen wirklich überallhin. Achte nur darauf, direkte Sonneneinstrahlung zu vermeiden, die würde den haarigen Blättern schaden. Und gieß sie nicht von oben, sondern nur durch den Untersetzer bzw. Übertopf, um Wasserflecken auf den Blättern zu vermeiden.

> Der Bogenhanf ist eine der wenigen Pflanzen, die sowohl nachts als auch tagsüber CO_2 in Sauerstoff umwandeln

Einer der besten Luftreiniger ist laut NASA der Bogenhanf (Sansevieria laurentii), weil er zu den wenigen gehört, die auch nachts Kohlendioxid in Sauerstoff verwandeln (die meisten Zimmerpflanzen machen dies nur tagsüber). Der Umweltaktivist Kamal Meattle nannte den Bogenhanf in seinem TED-Talk einen Baum, auf dem frische Luft wächst. Er benötigt nicht viel Licht, darum kannst du ihn ruhig in eine dunkle Ecke stellen, außerdem kommt er mit sehr wenig Wasser aus.

Noch andere Pflanzen schieben gern Nachtschichten, darunter Orchideen, Sukkulenten und Bromelien. Sie alle punkten auch mit schönen Farben und Blattformen, mit denen sie Glamour in dein Schlafgemach bringen. Die Blätter zu berühren, heißt es, hilft uns, den Stress des Alltags hinter uns zu lassen, außerdem soll es angstlösend wirken. Gib deiner Pflanze also täglich ein paar Streicheleinheiten.

Rechts: Der Instagram-Account von Seija Margareta aus Helsinki ist ein wahr gewordener Bohemian-Traum. Abgesehen von diesem Pflanzen-Meer lässt Seija zum Beispiel Kakteen in einem alten Fernseher wachsen. www.instagram.com/plantsandcollecting

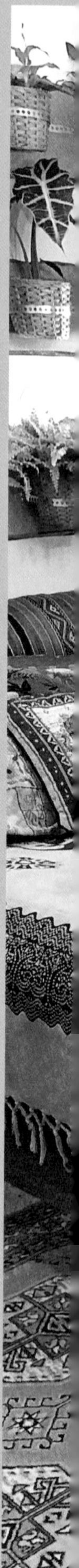

Flora

Vor zwei Jahren musste das Fensterblatt noch auf einer Kiste stehen, um nicht im eigenen Topf zu versinken. Mittlerweile ist es 1,70 m groß, und da geht noch mehr!

Freunde für immer: mein Fensterblatt und ich

Jules Taylor hat eine spezielle Beziehung zu ihrer größten Pflanze. Die ist längst mehr als nur Deko

Als wir vor zwei Jahren unser Zuhause einrichteten, war irgendwann jeder Raum fertig – bis auf das Schlafzimmer. Es gab viele Vorschläge und Ideen für Farben und Designs, aber mein Mann und ich taten uns mit den Entscheidungen und Kompromissen ein wenig schwer. Das ging von „Ich schlafe in keinem pinken Zimmer" bis hin zu „Wie wäre es mit einem Fernseher an der Wand?" Schließlich tat ich, was ich in solchen Fällen immer mache: Ich schrieb eine Liste mit Dingen, die ich auf jeden Fall und Dingen, die ich auf gar keinen Fall möchte. Das Fensterblatt landete in der ersten und der Fernseher in der zweiten Spalte.

So begann die Freundschaft mit meiner Monstera. Jedes Bild von Schlafzimmerdekoration auf meinem persönlichen Pinterest zeigte eine große Pflanze, um die sich alles zu drehen schien. Auf mindestens drei Viertel dieser Bilder war dies ein Fensterblatt. „Diese Kletterpflanze gedeiht nicht nur in den Wäldern Mittel- und Südamerikas prächtig, sondern auch bei Ihnen zu Hause. Und dort kann sie gewaltige Ausmaße annehmen", so ähnlich stand es in der Beschreibung. Und das waren genau die Anforderungen, die ich an meine Statement-Pflanze hatte – ein Statement ist meistens groß, jedenfalls unübersehbar. „Die Löcher und Einschnitte in den Blättern haben den Zweck, das Blatt resistenter gegen den Wind und die schweren Regenfälle im Regenwald zu machen", las ich. Eine Eigenschaft, die in unseren Gefilden zwar nicht nötig ist – aber trotzdem gut aussieht.

Wie auch immer, ich hatte mich bislang noch nicht auf ein Farbschema fürs Schlafzimmer festlegen können. Die meisten Einrichtungsbilder, durch die ich scrollte, zeigten grüne Pflanzen im Kontrast zu weißen Wänden. Ein guter Look, den ich mir aber für mein Schlafzimmer nicht vorstellen konnte. Ich wollte es eher weich und erholsam – einen Zufluchtsort eben. Als ich eines Tages mit einem Farbkatalog in der Hand durch einen Baumarkt marschierte, machte ich einen schnellen Abstecher in die Pflanzenabteilung – und da sah ich es. Richtig, ein Köstliches Fensterblatt, gesund und munter. Es war Schicksal. Ich habe mich dann entschieden, die Pflanze einfach mitzunehmen und mir danach Gedanken über das restliche Farbschema des Zimmers zu machen. Ich war so happy.

> „Jedes Bild auf meiner Pinnwand ‚Schlafzimmerdekoration' auf Pinterest zeigte eine Statement-Pflanze – meistens ein Fensterblatt"

EIN NEUES ZUHAUSE

Damals hatte die Pflanze noch nicht mal ansatzweise ihre heutige Größe, trotzdem passte mein neuer Freund nicht aufrecht in den Kofferraum. Ich wollte ihn zuerst auf dem Beifahrersitz angurten, der Fußraum erwies sich dann aber doch als die beste Lösung. Links und rechts stützte ich den Topf mit anderen Einkäufen. Der Heimweg fühlte sich an wie der Beginn von etwas Neuem. Mit einem Dauergrinsen erzählte ich der Monstera, wie sehr sie ihr neues Zuhause lieben wird. „Du hast Fenster auf der Ostseite, deren Jalousie sich verstellen lässt. So können wir dir immer die perfekte Helligkeit geben."

Ich habe mich, nebenbei bemerkt, schon immer mit meinen Pflanzen unterhalten. Nicht nur Kommentare wie „Oh, du bist aber groß geworden" usw. Ich rede mit ihnen wie mit einem guten Freund, halte sie über meine Pläne und Ideen auf dem Laufenden und frage sie sogar manchmal um Rat. Normalerweise bekomme ich nicht ▸

Wöchentliches Gießen mit ein paar Tropfen Dünger ist alles, was das Fensterblatt braucht. Und ab und zu ein Sprüher Wasser unbedingt auch auf ihre Moos-Stange.

viele Antworten. Meine Söhne rollen die Augen, und mein Mann hält es für Spinnerei, aber ich sehe das so: Pflanzen sind auch Lebewesen, und ich mag es, mich so mit ihnen verbunden zu fühlen.

DIE EINGEWÖHNUNG

Zu Hause angekommen brachte ich das Fensterblatt an seinen Bestimmungsort und legte mich dann aufs Bett, um mein weiteres Vorgehen zu planen. Ihm fehlte noch ein Topf. Sofort dachte ich an einen Arbeitskollegen, der bei Oliver Bonas einen korbartigen Topf mit eingewebtem Muster gekauft hatte. Ich bestellte ihn direkt.

Als mein Mann von der Arbeit nach Hause kam, ging er wie immer zuerst ins Schlafzimmer, um sich umzuziehen. Er fragte sofort, warum ich denn die Pflanze gekauft hätte, obwohl wir uns einig waren, mit weiteren Anschaffungen zunächst zu warten. Ich erklärte ihm, dass ich mich ohne Inspiration nicht für eine Wandfarbe entscheiden könne. Er antwortete etwas wie „Na ja, wenn dir grün so gefällt“, und da fiel es mir wie Schuppen von den Augen: „Na klar, grün!“, unterbrach ich ihn. Natürlich!

Weich und subtil, eher Salbeitöne (diese sind noch beruhigender und natürlicher als die Smaragdfarben).

> „Unser Schlafzimmer ist gar nicht so grün – nur eine Minipalme und ein kleiner Geldbaum. Nicht, dass die Monstera sich eingeengt fühlt“

Nach ein paar Tests entschieden wir uns für den Farbton „Wormwood“ von Little Greene für die Wände und Einbauschränke. Alles andere Hölzerne hielten wir in Classic White. Ein paar Wochen, nachdem die Malerarbeiten erledigt waren, haben wir uns grüne Accessoires angeschafft: eine Tagesdecke der skandinavischen Designer Hay. Außerdem ein paar kleine Baumwollteppiche aus einem Lädchen in der Nähe.

Meiner Statement-Pflanze geht es bis heute gut, ich pflege sie jetzt seit zwei Jahren und habe ein paar Lektionen gelernt: Zwar liebt sie einen hellen Raum, direkte Sonneneinstrahlung kann jedoch braune Flecken auf den Blättern verursachen. Die Pflanze sollte einmal pro Woche gegossen werden, ein paar Sprüher Wasser hier und da halten den Feuchtigkeitshaushalt stabil. Das Fensterblatt wurde umgetopft und ist schon über seine Moos-Totemstange hinausgewachsen. Die Stange zu verlängern hat bisher noch nicht geklappt, ich arbeite noch dran.

Ansonsten ist unser Schlafzimmer gar nicht so grün – nur eine Minipalme und ein kleiner Geldbaum. Ich will nämlich nicht, dass sich die Monstera eingeengt fühlt oder denkt, sie sei nichts Besonderes.

SCHLAFZIMMER

ABGEHÄNGT

Zugegeben, Hilton Carters Pflanzhängematte (Seite 73) ist ein Mammutprojekt. Um auszuprobieren, ob dir die Idee grundsätzlich gefällt, fang mit Hängetöpfen an. Die Textur der Töpfe spielt genauso eine Rolle wie die Höhe, in der sie angebracht werden. Im Bild haben wir uns für eher neutrale Farbtöne entschieden. Durch die Kombination von Materialien entsteht mehr Dynamik, ohne das Grün der Pflanzen in den Hintergrund zu rücken. Achte bitte darauf, dass die Haken stabil in der Decke verankert sind, bevor du die erste Pflanze daran aufhängst. Tragfähige Deckenbalken kannst du durch Klopfen gegen die Decke ausfindig machen.
Gefällt dir Material wie Keramik, Jute oder Seegras? Im Internet findest du Hängetöpfe in solchen und allen anderen Variationen.

Du findest ein Blatt, dessen Struktur dir gefällt – nimm es mit. Hier siehst du, wie du es präsentieren kannst. Erstaunlich, wie das Metall und Glas der Rahmen mit dem sanften Grün der Blätter harmoniert, oder?

Bitte nicht gießen! Laub-Dekorationen

Für ein grünes Zuhause musst du keine lebendigen Pflanzen anschaffen. Auch gepresste Blätter und Blumen erhöhen den Wohlfühlfaktor. Autorin und Stylistin Camille Soulayrol lässt sich von der Natur inspirieren

Überall grünt es, Pflanzengeschäfte sprießen an jeder Ecke. Die einen spezialisieren sich auf Sukkulenten und lufterfrischende Ficusbäume, andere bieten Blätter und Deko-Blumen an. Freunde sammeln und tauschen Stecklinge ihrer Pflanzen, und der Chinesische Geldbaum hat den Blumenstrauß als beliebtestes Gastgebergeschenk abgelöst. Bärtige Männer liefern auf Fahrrädern Blumen aus, und Onlinehändler schicken Samen direkt in unsere Briefkästen. Wenn du auf der Suche nach stylisher Kleidung in den nächsten Concept Store gehst, ist es nicht unwahrscheinlich, dass du den Laden mit einem Kaktus in der Hand verlässt. Wir sehen Pflanzenmotive auf Hauswänden, unseren Klamotten und natürlich auf Social Media. Die Natur ist überall!

Das ist ein gutes Zeichen, weil uns Pflanzen daran erinnern, was wirklich zählt: Jedes Leben ist kostbar, und die Natur braucht uns – jedoch nicht ansatzweise so sehr, wie wir sie brauchen. Was sie uns für Körper und Geist bietet, können wir aber nur nutzen, wenn wir lernen, der Natur (wieder) zuzuhören.

Genau das passiert, wenn du dich mit Pflanzen beschäftigst. Egal ob du schon viel Erfahrung hast oder gerade erst anfängst – es wird dich inspirieren. Ein unterbewertetes Hobby ist das Sammeln und Pressen von Pflanzen. Fast jeder hat es in der Schule mal gemacht, im Erwachsenenalter gerät es oft in Vergessenheit.

Doch es lohnt sich, es wiederzuentdecken. Nicht nur, wenn man viel unterwegs ist und sich nicht auch noch um Pflanzen kümmern kann. Wer beschließt, eine Sammlung gepresster Blätter anzulegen, sieht die Welt plötzlich mit anderen Augen. Jeder Spaziergang wird zur Schatzsuche. Ein Wald-Farn oder getrocknete Gipskräuter (Gypsophila), zum Strauß gebunden: Auf diesem Weg findet die Natur einen Weg in unser Zuhause und unser Herz. Und das bis über den Winter hinaus.

Dies ist keine Experten-Lehrstunde, aber ich hoffe, es ermuntert dich, die Natur zu erforschen. Manche Pflanzen lassen sich leichter pressen als andere. Probier's aus und guck, was draus wird. Die eine oder andere Überraschung erwartet dich bestimmt. ▸

„Das Sammeln und Pressen von Pflanzen ist ein unterbewertetes Hobby. Fast jeder hat es in der Schule mal gemacht, doch im Erwachsenenalter gerät es meistens in Vergessenheit“

VON DER WIESE AN DEINE WAND: DAS PRESSEN

Das brauchst du:
Blumen und Blätter, Zeitungen (keine Illustrierte, sondern gewöhnliche Tageszeitung), Klebeband, ein möglichst großes und dickes Buch, ein Gewicht, zwei gleich große Glasscheiben (evtl. beim Glaser zuschneiden lassen), selbst klebendes Dekoband (z. B. Washi Tape)

Schritt 1
Lege jedes Pflanzenblatt vorsichtig auf ein Blatt Zeitung und bedecke es mit einer weiteren Zeitungsseite. Eventuell brauchst du das Klebeband, um alles in Position zu halten (nicht direkt auf die Pflanzen kleben!). Die Pflanzen dürfen nicht zu feucht sein, sonst schimmeln sie. Das Zeitungsblatt soll die Pflanzenteile zusätzlich trocknen, bevorzuge Seiten mit wenig Druckerschwärze.

Schritt 2
Jetzt legst du die „gefüllten" Zeitungsseiten zwischen die Seiten des Buches und stellst das Gewicht noch obendrauf, um den Druck gleichmäßig zu verteilen. Du hast kein Gewicht? Schau in der Wohnung umher: Eine Packung Waschmittel, ein Katalog oder eine Kiste Flaschen tun's auch.

Schritt 3
Wie lange gepresst werden muss, hängt von der jeweiligen Pflanze ab. Die Zeit variiert zwischen einer und drei Wochen. Wirf ab und zu mal einen Blick in das Buch. Falls die Pflanze sehr viel Flüssigkeit verliert (große Flecken!), wechsle das Zeitungspapier aus.

Schritt 4
Sobald die Blumen und Blätter vollständig trocken sind, arrangierst du die einzelnen Teile wie gewünscht auf einer Glasplatte, legst die zweite vorsichtig darauf und klebst beide mit dem Deko-Band zusammen. Das sieht am schönsten aus, wenn dessen Farbe zur Farbe der Blätter passt. Anstelle der Glasplatten kannst du auch Bilderrahmen verwenden.

Diese Anleitung ist ein Auszug aus dem Buch „Plantopia: Cultivate, Create, Soothe, Nourish" von Camille Soulayrol. Erhältlich auf Englisch für ca. 15 Euro. In diesem Buch werden besonders schicke Pflanzen vorgestellt sowie mehr als 70 Anregungen für ein grüneres Zuhause.

Immer an der Wand lang

So leicht verpasst du schlichten Räumen ein Update und gewinnst Platz für neue Pflanzen

1. Hippo-pot-amus
Als Topf oder Vase, für Pflanzen oder ein Bündel Kräuter: Der Dickhäuter von Gisela Graham passt gut drauf auf und entlockt jedem Besucher sofort ein Lächeln. Aus Keramik, im Internet für 40 bis 50 Euro von verschiedenen Herstellern zu finden. So kommt Leben in die dunkelste Ecke!

2. Geometrischer Kontrast
Diese quaderförmigen Regale aus Metall mit einem Finish aus gebürstetem Messing sind nicht nur hübsch, Pflanzen mögen sie, weil die Luft durch die offenen Seiten zirkulieren kann. Begabte Heimwerker bauen so etwas selbst, auch schön aus Holzleisten, die man noch farbig lasieren kann. Oder schau dich mal auf etsy.com um.

3. Farbe bekennen
Keramiktöpfe in ausgesuchten Farben können das Grün deiner Pflanzen toll ergänzen. Oft sind sie sogar mit Lackeffekten erhältlich. Hängepflanzen wie die Leuchterblume (Ceropegia) oder Efeu kommen so noch besser zur Geltung.

4. Heavy Metal
Schalen aus Messing bringen industriellen Charme in den Raum. Typischerweise setzt das Metall mit der Zeit Grünspan an, diese Patina ist aber für deine Pflanzen nicht schädlich. Online findest du Schalen und Töpfe in allen Varianten, genau so dekorativ auch aus Kupfer.

An den Nagel gehängt

Diese Mini-Töpfe sind im Dreierpack miteinander verbunden (brauchen zur Montage aber nur ein Loch). Mit mehreren Sets kannst du eine komplette Kolonie Pflanzen an der Wand kultivieren. Nutz den „Floralink Wall Vessel" auch als Stauraum für Kleinkram wie Kosmetika. Ein Farn in dem einen, die Haarbürste im anderen Topf – so integrierst du die Pflanzen in den Alltag. Für ca. 25 Euro über eu.umbra.com.

Ein hängender Garten für dein Zuhause

Zimmerpflanzen-Stylist Hilton Carter lüftet das Geheimnis um seine Pflanzen-Hängematte. Die bringt nicht nur neuen Platz für dich und deine grünen Freunde, sondern lässt euch alle schöner schlafen

Was passiert, wenn deine Mutter dir einen riesigen Philodendron anbietet, du aber auf dem Boden keinen Platz mehr findest? Na ja, irgendwann habe ich nach oben geschaut. Und mir fiel auf, dass wir die hohen Wände in unserem Haus nicht effektiv nutzten. Also schlug ich meiner Frau Fiona vor, den Philodendron an die Wand zu hängen. Und zwar nicht an irgendeine Wand, sondern an die hinter unserem Bett, sodass die Pflanze wie ein Baldachin über uns schweben würde.

Ihr erster Gedanke war, dass ich meinen Verstand verloren hätte, der zweite, dass uns die Pflanze im Schlaf erschlagen würde. Fiona hatte mit der Makramee-Technik schon oft Aufhänger für Töpfe geknüpft, und ich fragte mich selbst und schließlich sie, ob sie einen extragroßen anfertigen könnte. In Hängemattengröße, um genau zu sein. Sie war nicht restlos überzeugt, darum zeichnete ich die Idee auf, um ihr zu zeigen, wie toll es am Ende aussehen könnte. Nachdem ich ihr dann noch hoch und heilig versprochen hatte, dass nur eine professionelle Befestigung infrage käme, um ein Abstürzen zu verhindern, war sie einverstanden, und die Idee einer Pflanzen-Hängematte war geboren.

> „Die fertige Hängematte an der Wand sah besser aus, als meine Frau und ich es uns jemals erträumt hätten“

Die fertige Hängematte mit dem Philodendron an der Wand übertraf alle unsere Erwartungen. Seither habe ich viele Pflanzen hinein- und wieder hinausgebettet, um zu sehen, welche wie wirkt. Denn nicht die Pflanze, sondern die Hängematte an sich ist der „Wow“-Faktor in unserem Schlafzimmer. Derzeit wohnt ein Macho-Farn (Nephrolepis biserrata) darin und macht sich prächtig.

Deine eigene Hängematte muss natürlich nicht so groß werden wie unsere. Dann rechnest du die Maßangaben einfach auf eine kleinere Größe herunter. Aber befolge bitte die Anweisungen sorgfältig und stell sicher, dass die Befestigung das Gewicht der Pflanze tatsächlich tragen kann. Das Aufhängen der Hängematte über deinem Bett erfolgt in jedem Fall auf eigene Gefahr! Auf der nächsten Seite findest du die Anleitung. ▶

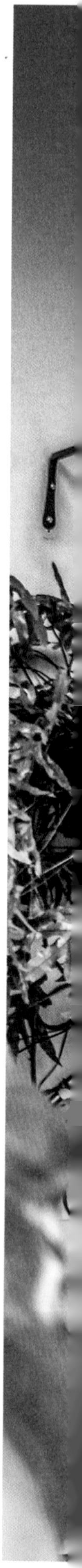

So eine Hängematte an der Wand ist ein sehr besonderes Arrangement für große Pflanzen.

1

2

3

4

5

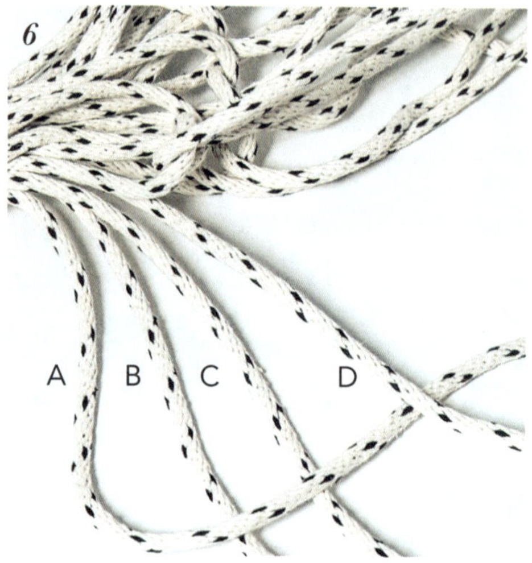
6
A
B
C
D

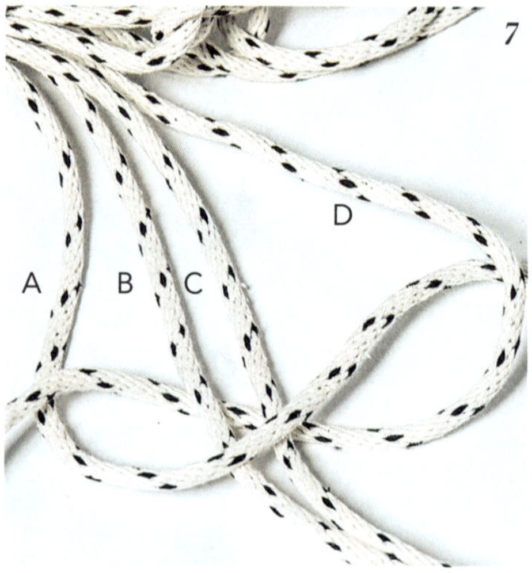
7
D
A
B
C

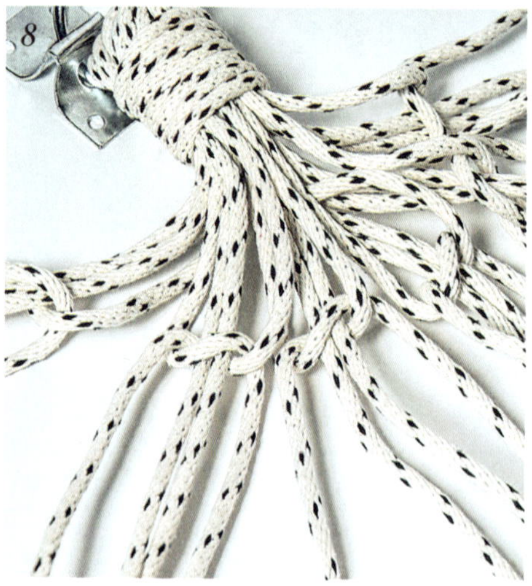
8

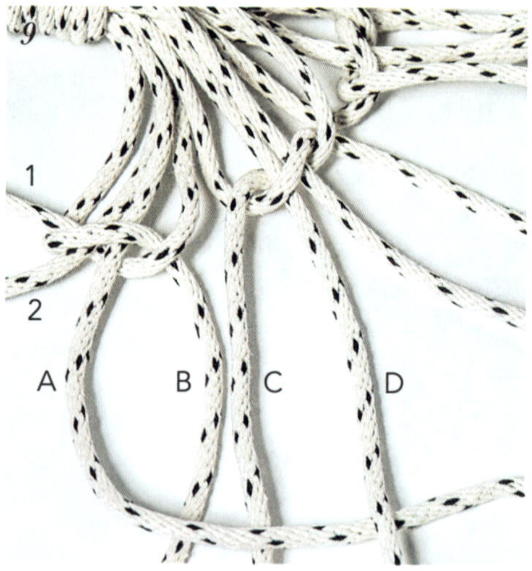
9
1
2
A
B
C
D

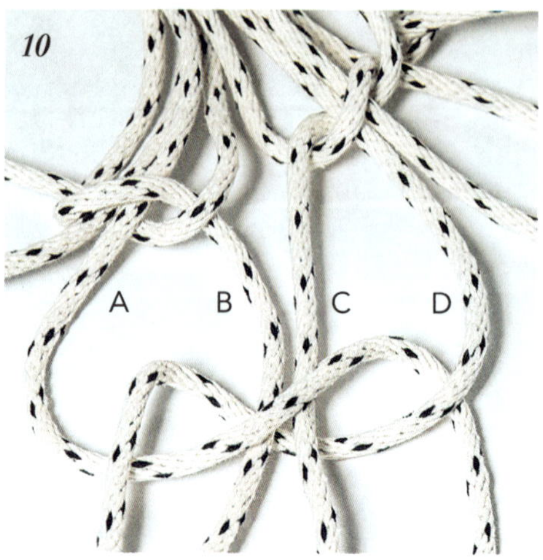
10
A
B
C
D

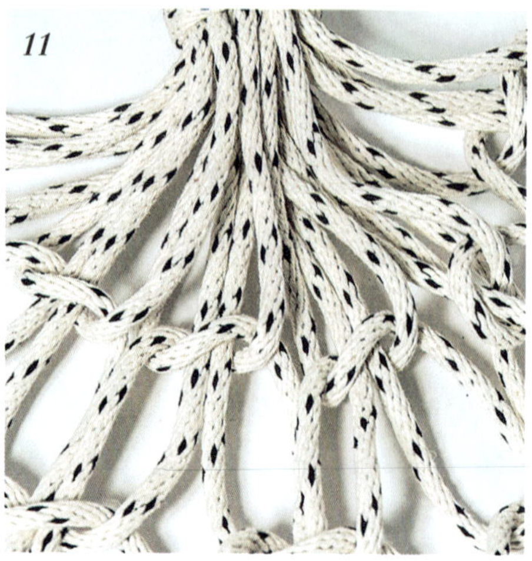
11

12

NEUE PERSPEKTIVEN: GROSSE PFLANZEN LERNEN DAS ABHÄNGEN

Wie du deine eigene Hängematte knüpfst und aufhängst

Das brauchst du:
Vor allem ein Seil bzw. Tau, ca. 60 m lang (in Baumärkten und im Bootsfachhandel erhältlich), zwei große Metallringe sowie Wandhaken, die sich für die Beschaffenheit deiner Wand eignen. Einen Cutter oder eine scharfe Schere, einen Zollstock/ein Maßband. Zum Befestigen eine Bohrmaschine, Schrauben und Dübel.

Schritt 1
Rolle nach und nach Seil ab und schneide 12 Stücke von jeweils 4,3 m Länge zu.

Schritt 2
Leg die Seilstücke auf den Boden, fädle sie durch einen der Ringe und zieh ihn bis zur Mitte der Seile, sodass du nun quasi 24 Seilstücke hast, jedes circa 2,15 m lang (Abb. 1).

Schritt 3
Befestige die Seile mit dem sogenannten Wickelknoten am Ring. Schneide dafür weitere 1,5 m Seil von der Rolle. Lege ein Ende zu einer Schlaufe mit ca. 13 cm Durchmesser und positioniere sie mit der Öffnung in Richtung Ring (Abb. 2).

Schritt 4
Jetzt wickelst du das 1,5-m-Seil um die anderen Seile und die Schlaufe herum, sodass alles fest zusammengeschnürt wird. Mach mindestens sechs solche Wicklungen und steck danach das Seilende durch die Schlaufe (Abb. 3).

Schritt 5
Zieh kräftig am Seil, das am Ring hervorsteht, um die Schlaufe mit dem anderen Ende in die Wicklungen hineinzuziehen (Abb. 4). Danach bleiben 2 lange Enden übrig, die du für einen ordentlichen Look abschneiden kannst (Abb. 5).

Schritt 6
Erst jetzt beginnt das eigentliche Knüpfen. Dabei darf kein Fehler passieren, sonst ist die Hängematte am Ende krumm. Teile die 24 Seile in 6 Sets à 4 Stück. In jedem Viererset wird es zwei tragende und zwei „faule" Seile geben.

Schritt 7
Gehe systematisch vor: zuerst Reihe 1, dann die Reihe 2 usf. Bei Reihe 1 beginnst du am ersten Viererset mit den Kreuzknoten: Bring das Seil A vor B und C und hinter Seil D (Abb. 6).

Schritt 8
Bring Seil D hinter C und B und von hinten nach vorn durch die Schlaufe, die durch Seil A entsteht (Abb. 7).

Schritt 9
Wiederhole die beiden Schritte mit den anderen fünf Sets. Fertig ist die erste Runde Kreuzknoten (Abb. 8).

Schritt 10
Für Reihe 2 nimm die beiden langen Seile auf der linken Seite (1 und 2) und leg sie an den Rand (Abb. 9). Greif dir die nächsten vier Seile, um eine neue Gruppe ABCD einzuteilen (vormals CA und DB). Bring wieder Seil A vor B und C und hinter D wie in Schritt 7. Hast du den Makramee-Bogen langsam raus? Notfalls findest du online bestimmt ein Tutorial.

Schritt 11
Wie Schritt 8: Bring Seil D hinter C und B und von hinten nach vorn durch die Schlaufe, die durch Seil A gebildet wird (Abb. 10).

Schritt 12
Wiederhole die Prozedur mit den anderen vier Sets. Am Ende sollten auf der rechten Seite zwei einzelne Seile übrig bleiben.

Schritt 13
Wiederhole die Schritte für beide Reihen bis zur gewünschten Länge der Hängematte. Die Abstände zwischen jeder Reihe Knoten sollten möglichst gleich sein (Abb. 11; ca. 15 cm). Wenn du engere Maschen möchtest, reduzierst du einfach die Abstände der Knoten. Lass auf jeden Fall genug Seil übrig, um das Ende am zweiten Metallring befestigen zu können.

Schritt 14
Sobald die Hängematte fertig ist, fädelst du die 24 Enden durch den zweiten Ring und wiederholst Schritt 3, um die Hängematte mit einem zweiten Wickelknoten zu sichern (Abb. 12).

Schritt 15
Befestige die Ringe mit Haken oder Ähnlichem an der Wand. Die Befestigung muss unbedingt stark genug sein, um das Gewicht der gewässerten Pflanze tragen zu können!

Schritt 16
Bohrmaschine raus und die Hängematte an die Wand dübeln. Hält? Dann darfst du sie mit der Pflanze deiner Wahl bestücken. Ich gratuliere!

Diese Anleitung ist ein bearbeiteter Auszug aus dem englischsprachigen Buch „Wild at Home" von Hilton Carter (Cico Books, ca. 14 Euro).

RANDNOTIZEN

FÜRS SCHLAFZIMMER

NIET- UND NAGELFEST

Weil kleine Pflanzen schwerer zu treffen sind, eignen sie sich besonders für die Nachttische aller Schlafmützen, die gern beschwingt auf den Snooze-Knopf hauen. Der Chinesische Geldbaum ist so ein Kandidat. Für noch mehr Sicherheit kannst du noch ein Anti-Rutsch-Pad unterlegen. Das bewährt sich übrigens auch für die Töpfe im Lieblingsregal deiner Katze.

EINE RUNDE DREHEN

Eine halbe Drehung alle paar Tage hilft der Pflanze, gerade zu wachsen. Sich selbst überlassen, neigt sie sich naturgemäß in Richtung der nächsten Lichtquelle. Wenn die neu sprießenden Blätter blass, dünn und zerbrechlich aussehen, ist es der Pflanze zu dunkel, du siehst sozusagen ihren Hilferuf. Aber keine Sorge, sie wird sich erholen. Wer seine Pflanzen regelmäßig kontrolliert, lernt, diese Zeichen rechtzeitig zu deuten.

EURE HOHEIT

Wenn dich die Pflanzen-Hängematte von Seite 74 (noch) abschreckt, blättere kurz zurück zu Hilton Carters Wohnung. Er ist zurecht stolz auf den Pflanzenthron in seinem Schlafzimmer (ab Seite 52). Auch deine Abend- bzw. Nachtlektüre kann als ein jederzeit anpassbares Podest fungieren: Versammle die gewünschten Pflanzen um einen bequemen Stuhl oder um dein Bett herum. Große Pflanzen kommen hinter den Stuhl. Stell sie auf Stapeln aus Büchern oder Katalogen ab (wasserdichte Untersetzer nicht vergessen). So hast du Lesestoff und Pflanzen immer in deiner Nähe. Sehr gemütlich!

DeLonghi

Farben wie helles Smaragdgrün oder Jade bringen mehr Tiefe und Leben in jedes Arrangement

Üppiges und lebensbejahendes Grün ist untrennbar mit der Natur verbunden. Es kann uns Energie geben, unsere Stimmung verbessern, und wir fühlen uns geerdet. Die Farbe Grün steht für Wachstum, sie erinnert an Landgärten und Wiesen, dichte, alte Wälder und an weites, fruchtbares Land. Wir sehnen uns nach den positiven, erfrischenden Farbtönen von saftigem Gras, Limetten und auch mal dekadentem Smaragd. Die weicheren Töne wie Salbei, Olive oder Minze assoziieren wir mit Zuflucht, Regeneration und Wohlbefinden.

In wärmeren Ländern gehen viele Häuser über offene Räume, Veranden, Terrassen oder einen Patio nahtlos in die Natur über. In diesen Außenbereichen stehen oft Terrakottatöpfe, bestückt mit Pflanzen und noch mehr Blumen. Auf den gefliesten Böden plätschern Brunnen und kleine Wasserrinnen, die die Hitze der Mittagssonne abtransportieren. So entsteht ganz selbstverständlich eine entspannende Atmosphäre sowie eine Verbundenheit mit der Natur.

> Mit der grünen Farbe holen wir uns ein Stück Natur ins Haus und fühlen uns Mutter Erde wieder verbunden

Aber nicht nur draußen oder im Spanien-Urlaub bringt uns die Farbe Grün dazu, uns mit der Natur zu verbinden. Auch zu Hause trägt es Leben in jeden Raum. Kombiniere ruhig mehrere Grüntöne in einem Zimmer. Kühle, harmonische Töne wie zum Beispiel Pistazie, Jade und Minze harmonieren fast immer, unabhängig von der Oberfläche – von glänzenden Keramikfliesen bis hin zu matter Wandfarbe. ▸

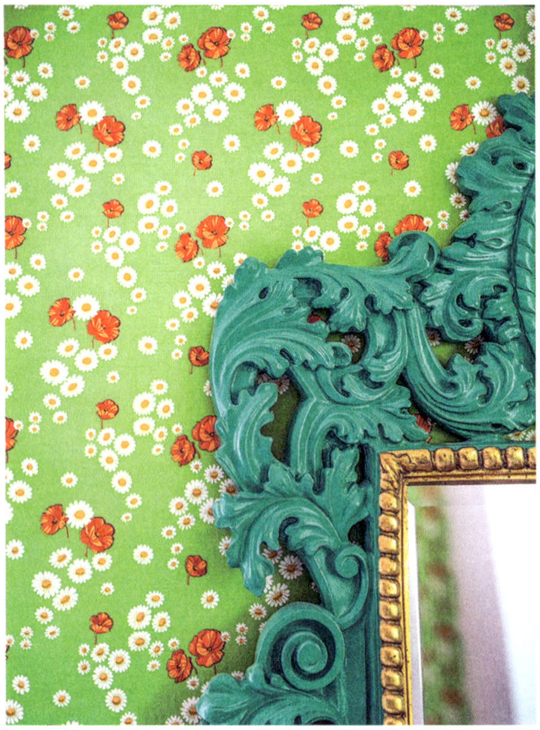

> **Muster verleihen einem Raum Persönlichkeit. Grün schafft eine natürliche Verbindung**

FRISCHE IMPULSE FÜR DIE WOHNUNG

Egal ob durch Pflanzen, Gegenstände oder Farbflächen: Je grüner dein Zuhause, desto vielfältiger die Grüntöne, die sich im Licht der Jahreszeiten verändern. Mehrere Kakteen in Grau-Grün sind immer ein optisches Highlight, verschiedene Minzsorten bringen den Frühling direkt in deine Küche. Und wenn die Sehnsucht riesig ist, der Platz aber mini, kannst du dank moderner Drucktechnik mit Fototapeten sogar Exoten wie gigantische Bananenblätter oder üppige Dschungelpflanzen gestochen scharf an die Wand tapezieren.

Dazu passt ein holziges Finish und Keramik, auch viele Küchengeräte sind in Mint und Pistazie erhältlich. Aber nicht nur mit der Farbe Grün, auch mit echter Natur gestalten wir unsere Zimmer (im wahrsten Sinne) natürlicher: Holz, Rattan und Bambus haben unlackiert eine warme, oft schon goldene Farbe und Texturen, die das Grün perfekt ergänzen. Die Möglichkeiten sind unbegrenzt: Holzverkleidungen, Teppiche aus Seegras und Lampenschirme aus Jute. Damit die Einrichtung am Ende nicht zu rustikal aussieht, mix die traditionellen Elemente mit modernen Mustern und Hochglanz-Möbeln. Aber nicht zu viele Muster und Farben kombinieren! Das Muster bleibt nämlich nur im Vordergrund, wenn du höchstens drei Farbtöne miteinander mischst.

MUSTER RICHTIG EINSETZEN

Verwende für die Wand-Gestaltung in jedem Fall ein großflächiges Muster. Oder kombiniere eine Grundfarbe mit monochromen Kunstwerken und kleinen, einzelnen Mustern.

Jegliche Deko, vor allem Muster, verleihen einem Raum Persönlichkeit und Tiefe. Geometrische Muster können eine unaufregende Farbpalette interessanter gestalten. Ein simples, sich wiederholendes Muster ist modern

Keine Angst vor starken Farben: Hier siehst du, in welcher „familiären Umgebung" sich verschiedene Grüntöne wohlfühlen. Entwirf selbst ein Schema!

und zeitlos zugleich. Ebenso kann ein Muster einem Farbschema einen unerwarteten Dreh geben, einen Raum größer wirken lassen oder einfach visuell interessant aussehen. Ein klassisches Schwarz-Weiß-Muster liegt immer im Trend und passt an jeden Ort; ein Touch natürliches Grün rundet dabei das Gesamtbild ab.

Oft assoziieren wir Muster mit einer traditionellen Einrichtung. Moderne Stile bieten jedoch zunehmend Design mit Mustern, die eindrucksvoll kombiniert werden können. Überlege, wie du Muster auf Wänden und Bodenfliesen aufeinander abstimmen kannst, spiel dabei auch mit der Tiefe des Musters. Dreimal das gleiche Muster in verschiedenen Größen wirkt z. B. sehr auffällig. Ein Kontrast zwischen Lackfarben und einem ▸

geometrischen Muster der Bodenfliesen wird sofort ins Auge springen.

Nutze sowohl im Schlaf- als auch im Wohnzimmer eher die Mitte des grünen Farbspektrums. Saubere, klare Töne spiegeln den Frühlingsanfang wider. Dazu passen krautige Gewächse, wie z. B. grüne Minze und Erbsensprossen, entweder auf einem Regal stehend oder an der Wand hängend.

PRÄCHTIGE UMGEBUNG

Dass du mit Pflanzen spektakuläre Effekte kreieren kannst, weißt du schon. Hier ein paar Beispiele: Edle

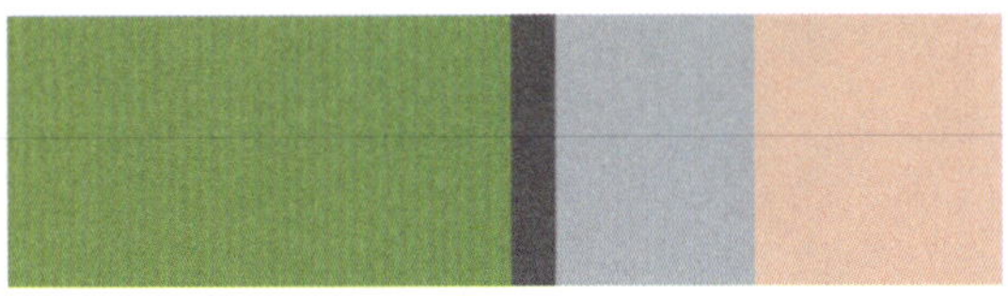

Farben wie helles Smaragdgrün oder Jade bringen mehr Tiefe und Leben in jedes Arrangement. Überleg dir, wie du die satten Juwelen-Farben am besten in ein Raumkonzept integrierst. Luxuriöse Stoffe wie Samt oder Seide erzeugen Fülle und machen gleichzeitig den ganzen Raum weicher. Glänzende Lackierungen, metallische Oberflächen, Vintage-Glaswaren sowie glasierte Keramik unterstreichen den Luxus, den diese Farbtöne ausstrahlen. Das gewisse Etwas entsteht durch die Dominanz des hellen Smaragdgrüns, das lange nur für Akzente genutzt wurde.

> Bring ruhig einen Hauch Dramatik in den Raum mit smaragdgrünen Möbeln oder Vorhängen

NEUE WEGE GEHEN

Klingt vielleicht überraschend, aber Grün passt perfekt zu Pink. Aus dieser Kombination entstehen erfrischende Farbpaletten. Zum Beispiel setzt eine in blassem Rosa gestrichene, glatte Wand grüne Hochglanz-Möbel sensationell in Szene. Plüschiger Samt erinnert dich vielleicht an Kino- oder Theatersitze oder die Stühle in einem Edelrestaurant. Das ändert sich sofort, wenn er nicht im typischen Rot oder Schwarz daherkommt: Schon verliert dieser luxuriöse Stoff seinen Muff und macht eine Punktlandung im 21. Jahrhundert. Bei einem Raumkonzept geht es nie nur um Farben, sondern auch um verschiedene Strukturen, um ein Gesamtbild mit vielen interessanten Kontrasten entstehen zu lassen.

Smaragdgrün ist eine starke Farbe für Möbel oder Vorhänge, wenn man auf Dramatik steht. Große Zimmer mit hohen Decken werden durch satte Farben aufgewertet. Zögere nicht, intensives Grün mit tiefem Tintenblau zu kombinieren und beweise ein für alle Mal, dass der Spruch „Grün und Blau trägt Kaspers Frau“ eindeutig in die Vergangenheit gehört.

Die Farben Eisvogelcyan, Kolibrigrün oder Pfauengrün haben grüne wie auch blaue Farbanteile. Genau wie die Federn ihrer Namensgeber glänzen und schimmern sie ▸

im Licht und ergeben zusammen eine extravagant grüne Farbpalette. Um den Glanz noch zu verstärken, kombiniere dazu reflektierende Materialien und Oberflächen, etwa ein schimmerndes Stück Samt, eine Vitrine, Hochglanz-Lack oder eine Metallic-Lackierung.

Bei der Auswahl unserer Möbel, Dekoration und Muster können wir uns verlässlich an der Natur orientieren. Farbenfrohe, botanische Motive können immer durch einen Schimmer von Metallic-Farben verstärkt werden.

> Das dunkelste Grün, kurz vor Schwarz, wirkt auf uns so intensiv und beständig wie ein uralter Wald

MUT WIRD BELOHNT

Trau dich, eine Decke oder Nische mit Blattgold zu verzieren und durch den richtigen Lichteinfall (den kann auch eine Lampe erzeugen) zum Glänzen zu bringen. Noch ein Vorschlag: Das dunkelste Grün, der letzte Grünton vor Schwarz, wirkt intensiv und beständig wie ein Wald. So dunkle Wände in einem großen Raum – an den Gedanken muss man sich erst mal gewöhnen. Aber man wird mit einer dramatischen Stimmung belohnt, die in Kombination mit sanfter Beleuchtung und einem matten Finish einen klassischen, eleganten Stil erzeugt. Das gestalterische Gleichgewicht hältst du, indem du den Boden sowie Arbeitsflächen und Deko-Akzente simpel belässt.

Die breite, grüne Farbpalette der Natur spiegelt Gesundheit, Wachstum und Nachhaltigkeit. In vielen Kulturen werden intensive, reichhaltige Grüntöne mit Reichtum, Wohlstand und Luxus gleichgesetzt. Das klingt doch alles nicht schlecht, oder? Leg los.

Grün schafft einen natürlichen Übergang vom Wohnraum in die Natur. Lass dich von Häusern im Süden inspirieren.

Dies ist ein bearbeiteter Auszug aus dem Buch „Love Colour: Choosing Colours To Live With" von Anna Starmer (auf Englisch, ca. 30 Euro). Sie zeigt, wie wir uns gekonnt mit starken Farben einrichten, ohne dass es kreischbunt wirkt.

BADEZIMMER

Auch von der Dusche aus gucken wir gern auf Grün. Der geringe Platzbedarf einiger Pflanzen kommt uns im kleinsten Raum der Wohnung besonders gelegen

Mit seinen Maßen (in den meisten Wohnungen und Häusern der kleinste Raum), seinem spärlichen Licht, der hohen Feuchtigkeit und Wärme scheint das Bad nicht gerade der Ort zu sein, an dem man Zimmerpflanzen vermuten würde. Doch viele Arten lieben gerade die Hitze und Feuchtigkeit, die bei einer heißen Dusche entstehen. Manche sind sogar auf sie angewiesen: Tropische Schönheiten wie Orchideen, Friedenslilien und Farne wirken in einzelnen Töpfen gut auf Fensterbänken, Regalen, Schränken oder sogar auf dem Spülkasten des WC.

> Orchideen, Friedenslilien und Farne wirken gut auf Fensterbänken, Regalen oder sogar auf dem Spülkasten der Toilette

Pflanzen schaffen es, diesem oft steril wirkenden Raum etwas Leben einzuhauchen – oder auch, ganz profan, feuchte Stellen an den Wänden zu kaschieren.

Wenn du genug Platz im Badezimmer hast, setz deine Dusche oder Badewanne rundherum oder an einer Wand hoch mit einem Arrangement verschiedener Pflanzenarten in Szene. Das trägt zur Entspannung in der Wanne bei, und dein Planschen erzeugt ein feuchtwarmes Klima – ideal für das Wachstum der Pflanzen. Ein Tablett mit feuchtem Kies unter den Töpfen erhält dieses Mikroklima. Im Internet findest du zahlreiche Blogs mit Fotos und Tipps zum Thema „Pflanzen im Badezimmer".

Bei Platzmangel brauchst du Pflanzen, die eher nach oben wachsen. Aloe vera hat mit ihren angedeuteten Stacheln nicht nur eine schöne Struktur, sie bereichert sogar noch deine Hausapotheke: Das austretende Gel gilt als natürliches Heilmittel für Sonnenbrände, kleine Schnitte und Schürfwunden. Brich bei Bedarf einfach einen der Stängel ab.

Die Schusterpalme (auch Metzgerpalme, Aspidistra elatior) ist eine pflegeleichte Art, die so gut wie kein Licht benötigt. Das macht sie badezimmertauglich. Sie möchte nur, dass du ihre Blätter ab und zu vom Staub befreist, um gesund zu bleiben.

Vor allem in Mini-Bädern bieten sich hängende Töpfe an. Wie wäre es z. B. mit einem Farnspargel (Federspargel) mit seinen zarten Wedeln? Für üppige, grüne und gesunde Wedel braucht er so viel Feuchtigkeit wie möglich. Eine tolle hängende Pflanze für einen hängenden Topf ist das Zebrakraut (Dreimasterblume) mit seinen gestreiften Blättern.

Für größere Badezimmer wäre unbedingt ein Schwertfarn zu empfehlen. Dieser ist nicht zu pingelig, wenn er viel direktes Licht (keine Sonne) bekommt, und auch er mag eine feuchte Umgebung.

Vergiss beim Einrichten des Bades nicht, dass sogar Pflanzen, die sich an dunklen Orten wohlfühlen, trotzdem noch ein wenig Licht benötigen, um wachsen zu können. Mit speziellen Glühbirnen (sie produzieren die Wellenlängen, die Pflanzen benötigen) bekommt dein Badezimmer mehr Helligkeit – sozusagen ein Treibhaus-Upgrade.

Rechts: Ein Platz zum Träumen (der bei den meisten von uns kleiner ausfällt). Mit den richtigen Pflanzen erschaffst du auch im Bad einen kreativen Mittelpunkt, der sogar in diesem speziellen Klima gedeiht. Ein sehr entspannender Ausblick, wenn du in der Wanne liegst!

Die Kunst des Kokedama

Abhängen nach japanischer Tradition: Coraleigh Parker zeigt, wie du so ein Pflanzen-Kunstwerk bastelst – mit einem Farn, der im Badezimmer durch die Decke schießen wird

Koke-was? Kokedama, eine Variante des Bonsai, ist die japanische Kunst, topflose Pflanzen zu gestalten. Du brauchst dafür eine spezielle Erde, ein wenig Moos und eine Schnur. Der Name kommt von „koke" = Moos und „tama" = Ball. Solche Moosbälle zu bauen ist ein Hobby mit vielen positiven Nebenwirkungen: Der direkte Kontakt mit natürlichen Materialien festigt deine Bindung zur Natur. Das Wickeln ist sehr meditativ und fördert die Fähigkeit, deine Hände unabhängig voneinander zu bewegen. Und weil du beide Hände zum Einwickeln brauchst, ist es sowieso schwer, an etwas anderes zu denken. Du wirst also mit deinen Gedanken zu hundert Prozent in der Gegenwart sein.

> Ein Kokedama kann viele Größen, Formen und Farben haben – immer passend zum Raumkonzept

Noch ein Mega-Vorteil: Du kannst Größe, Form und Farbe selbst bestimmen. Je nachdem, was am besten zum Design des Raums passt. Darum eignen sich Kokedamas bestens als letzter Schliff für die Gestaltung. Weil einen so viele Möglichkeiten aber auch leicht überfordern, fang mit einem einfachen Design an. Dann steigerst du langsam den Schwierigkeitsgrad. Und entscheide dich beim ersten Anlauf für eine Größe, die leicht in deine Hände passt.

Für den Anfang kannst du die Wurzeln deiner Pflanze zusammen mit der Erde einfach in eine dicke Schicht Torfmoos einwickeln. Das wirkt wie ein Schwamm: Es speichert Wasser und gibt es nach und nach an die Wurzeln ab, was die Gießabstände verlängert.

DIE KÖNIGE DES BLATTWERKS

Starte mit einem Farn. Warum? Die Antwort liegt im Blattwerk. Anstatt sich mit Blüten oder Samen „aufzuhalten", konzentriert sich der Farn hundertprozentig auf seine Blätter, was das fertige Kokedama am Ende so prächtig aussehen lässt.

Weil Farne Feuchtigkeit lieben, kommen beim Anmischen der Erde fast immer Kokosfasern zum Einsatz. Sie sind sehr dicht, und obwohl sie trocken wirken, enthalten sie Wasser, das sie sehr langsam als Feuchtigkeit an die Luft abgeben. Gönn dem Farn ruhig dicke Moos-Schichten, da Moos auch jede Menge Feuchtigkeit benötigt und viel davon abspeichert.

Viele Farn-Arten sonnen sich auf dem Waldboden in dem Licht, das durch die Baumkronen hindurchscheint. Daher wird deine Pflanze totalen Schatten nicht tolerieren, mag aber viel Licht, solange es keine direkte Sonneneinstrahlung ist. Häng sie also am besten nicht direkt ans Fenster. Das spärliche Licht in deinem Badezimmer reicht aus, denn der Farn bekommt als Ausgleich ja reichlich Feuchtigkeit. ▸

Das ideale Kokedama besteht aus Kokosfasern und Moos. Farne eignen sich besonders dafür, ihr prächtiges Blattwerk bereichert einfach jeden Platz in der Wohnung.

1

2

3

4

5

6

Für Geübte: Kokedamas mit verschiedenen Pflanzen in verschiedenen Größen.

EIN KOKEDAMA MIT FARN – SO GEHT'S

Deine erste strahlend grüne Kugel bleibt bestimmt nicht lange allein

Da Farne in der Natur auf dem Waldboden wachsen (oder gern auf oder unter den verrottenden Überresten umgestürzter Bäume), soll auch seine Erde im Zimmer reich an organischer Substanz und Ballaststoffen sein. Ahme seinen natürlichen Lebensraum so gut es geht nach. Im Baumarkt oder in der Gärtnerei bekommst du Kokosmulch, ein guter Ersatz für eine Baumleiche. Er gibt die gleiche Menge an Feuchtigkeit an die Wurzeln ab wie der übliche Rindenmulch, hält aber länger. Farne lieben es, die Umgebung mit ihren feinen, kriechenden Wurzeln zu erkunden, darum ist die Textur im Inneren der Kugel wichtig. Ein anderer Liebhaber von Kokosmulch (bzw. Rindenmulch) ist das Moos. Wenn du nicht den nächstgelegenen Wald berauben möchtest, bestellst du es in der Gärtnerei oder online in Platten. Wickle den Farn darin ein und Happy End: Die beiden leben glücklich zusammen bis ans Ende ihrer Tage.

Das brauchst du:
Einen kleinen Farn (wir haben Hasenpfotenfarn verwendet), die Zutaten für die Erde (drei Teile Komposterde, ein Teil Kokosmulch, ein Teil Kokosfaser), eine Schüssel und einen Löffel zum Mischen, synthetische Schnur zum Einwickeln (Naturfasern bauen sich zu schnell ab), möglichst große Moosstücke, einen Haken oder Aufhänger deiner Wahl sowie eine scharfe Schere und eine Sprühflasche. Und so geht's:

Schritt 1 und 2
Mische und knete die drei Zutaten für die Erde in der Schüssel zusammen.

Schritt 3
Gieß etwas Wasser zur Mischung – nur so viel, dass der Schlamm geradeso in Form bleibt, wenn du ein Kügelchen daraus formst.

Schritt 4
Jetzt wickelst du den Wurzelballen in eine Schicht der vorbereiteten Erde. Aber nicht zu knapp! Denk dran, dass die Dicke dieser Schicht bestimmt, wie weit sich die Wurzeln ausbreiten können – also indirekt auch die zukünftige Größe des Farns beeinflusst. Je größer du die Kugel formst, desto größer wächst später der Farn.

Schritt 5
Leg nun die Kugel auf die erdige Seite vom Moos (grüne Seite nach außen). Mit der Nylonschnur umwickelst du alles zu einem stabilen Konstrukt und konstruierst gleichzeitig eine Schlaufe als Aufhänger.

Vorsicht beim Aufhängen
Sei umsichtig, wenn du das Kokedama direkt an oder vor die Wand hängen möchtest: Die austretende Feuchtigkeit kann Schäden verursachen. Eine poröse Oberfläche führt mitunter zu Mehltau auf dem Farn. Bring den Haken so an, dass weder Kokedama noch Farn die Wand berührt.

Schritt 6
Wann und wie begießen? Die Lösung lautet: sprühen, sprühen, sprühen. Verwende nach Möglichkeit destilliertes Wasser, um zu verhindern, dass Salze die Blätter beschädigen. Sollte die Kugel trocken werden, dusch sie vorsichtig ab oder bade sie. Dabei wird auch Schmutz von den Blättern entfernt. Vor dem erneuten Aufhängen gut abtropfen lassen, sonst bildet sich eine Pfütze auf dem Fußboden!

Dieses (leicht abgewandelte) Projekt stammt aus dem Buch „Kokedama – Dekorieren mit hängenden Pflanzen" von Coraleigh Parker (ca. 14 Euro). Die Neuseeländerin bastelt in ihrem Laden „Pickled Whimsy" (Motto: „We make cool shit with plants and stuff") oft Kokedamas und teilt hier ihre Erfahrungen.

Schwebendes Verfahren

Hol dir mit Hängetöpfen ein Stückchen Boho-Chic (nicht nur) ins Badezimmer

1. Lampe oder Ufo?
Weder noch. Entworfen wurde dieser Übertopf von Anna Mercurio, einer Absolventin des Institute of Universal Art and Design in Neapel. Schon auf den ersten Blick erkennst du, warum sie ihn „Saturno" genannt hat: der Ring! Aus Stahl und Keramik, erhältlich in fünf Farben und drei Größen, von Formae, ab ca. 44 Euro, z. B. über agofstore.com.

2. Recycelter Minimalismus
Ein Hauch Toskana, aber mit modernem Anspruch: Die Terrakotta-Töpfe von Scaramanga sind handgefertigt, die Aufhängung besteht aus Altmetall. Jeder hat oben einen Haken, sodass du mehrere miteinander zu einer Kette verbinden kannst. Im Dreier-Set ab ca. 28 Euro über scaramangashop.co.uk.

3. Auf dem Tablett serviert
Nicht nur fürs Frühstück im Bett: Wer viele Pflanzen hat, lernt Tabletts zu schätzen. Egal ob aus Stein, Holz oder fast jedem anderen Material. Jedes wird mit 3 bis 4 Schnüren an der Decke befestigt. Du kannst so ein schwebendes Tablett selbst basteln und nebenbei an den Schnüren noch dein Makramee-Talent unter Beweis stellen. Im Internet findest du sowohl detaillierte Anleitungen als auch fertige Tabletts zum Kauf. Du entscheidest.

4. Im Glashaus sitzen
Wenn dir ein Garten fehlt, ist ein Mini-Steingarten im hängenden Terrarium immerhin ein kleiner Trost. Bestens für langsam wachsende Sukkulenten und andere kleine Pflanzen geeignet. Ähnlich: „Api" von Nkuku, ca. 50 Euro, z. B. über amara.com.

Individuelles Geschenk für Pflanzenfreunde
Selbst behalten oder verschenken, das ist am Ende die Frage: Kauf ein Set schlichte Hängetöpfe, die du bemalst, stempelst oder auf die du das Muster eines Spitzenstoffs „abpaust“. Das klappt mit Acrylfarbe oder einer anderen, die witterungsbeständig sein sollte. Bringt Spaß mit Kindern!

BADEZIMMER

SCHAU NACH OBEN!

Nach vorn zu schauen hilft in vielen Lebenslagen – ein Blick nach oben bringt aber auch neue Erkenntnisse: Hier entdeckst du oft ungenutztes Deko-Potenzial. Gerade im Badezimmer, wo unterhalb der Augenhöhe viel Platz für Waschbecken, Spiegel, Handtücher etc. draufgeht. Diese Art Regal hebt besonders Hängepflanzen und Sukkulenten hervor, sie wirken wie gerahmte Kunstwerke. Und etwas Blühendes nimmt Kachelwänden ihre oft sterile Kälte. *Ein Regal aus Metall bringt einen Touch Industrie-Design in den Raum. Unbehandeltes Eisen setzt in der feuchtwarmen Umgebung dekorativen Rost an.*

RANDNOTIZEN

FÜRS BADEZIMMER

PRAKTISCH & SCHICK

Wenn bei dir bereits Töpfe hängen (oder du das planst), überdenke noch mal kurz deren Aufhängung. Denn auch diese Pflanzen brauchen natürlich Wasser und mal einen Kontrollblick auf die Blätter. Verlängere die Bänder vom Topf mit einem langen Seil, das durch den Deckenhaken führt und dann mit einem Schnurhalter auf einer handlichen Höhe an der Wand befestigt wird. Jetzt musst du nicht mehr auf einen Stuhl steigen (wie war das mit den meisten Unfällen im Haushalt?), sondern kannst den Topf zum Gießen einfach herunterlassen. So ein kleiner Umbau ist bei einem farbigen Seil auch noch ein dekoratives Statement. Dieser Geheimtipp lohnt sich vor allem in kleinen Badezimmern.

SAUBER BLEIBEN

Während die Feuchtigkeit im Bad den Pflanzen guttut, sind die meisten allergisch gegen den Staub aus Deos und Make-up oder Talkum-Körperpuder (und vor allem die Staubmassen, die aus aufgekratzter Katzenstreu aufsteigen). Pflanzen mit kleinen Blättern darum regelmäßig mit einer Dusche verwöhnen, größere Blätter feucht abwischen. Denk auch daran, die beschlagenen Fenster zu trocknen – die Pflanzen spüren schon diesen kleinen Lichtunterschied.

FRISCHE LUFT

Pflanzen-Gurus sind sich einig: Die Belüftung der Erde im Topf ist sehr wichtig. Mit der Zeit neigt die Erde leider dazu, einen festen Klumpen zu bilden. Du brauchst aber kein spezielles Gerät anzuschaffen, ein Schaschlikspieß tut's auch. Stochere und bohre vorsichtig überall im Topf herum – aber nicht mit Gewalt. Du willst Luftkanäle bauen, nicht die Wurzeln beschädigen. Durch die gelockerte Erde bekommt die Pflanze wieder frische Luft. Ihre Dankbarkeit darüber wirst du ihr bald ansehen. Bester Zeitpunkt zum Graben: immer direkt vor dem Gießen.

„Alles begann damit, dass ich genau die Pflanzen haben wollte, die ich auf Instagram gesehen hatte"

Zweieinhalb Autostunden westlich von London, in Bath, findet man das „Botanica Studio" – ein Geschäft, das Pflanzen online und auf verschiedenen Märkten verkauft. Gründerin Alice Dobie ist außerdem eine gefragte Stylistin, die sich darauf spezialisiert hat, Cafés, Geschäfte und Aufenthaltsräume von Büros „umweltfreundlicher, ruhiger und einladender" zu gestalten. Für Alice bedeutet die Pflanzenzucht mehr als nur die richtige Kombination aus Licht, Schatten, Erde und Wasser – ihr geht es darum, sich um etwas Wunderschönes zu kümmern, zu sehen, wie es wächst und gedeiht – und diese Momente ausgiebig zu genießen.

Erzähl uns doch zuerst mal was über deine Karriere vor dem „Botanical Studio".
Vor acht Jahren habe ich noch in London Grafikdesign studiert, aber die Arbeit am Schreibtisch war nie so meins. Danach hatte ich mehrere Jobs, anfangs im Design-Bereich, danach in einem Start-up. Mittlerweile sind die Pflanzen eine so große Leidenschaft geworden, dass ich die Hälfte der Woche als Grafikerin arbeite und die andere den Pflanzen widme. So eine gute Work-Life-Balance hatte ich in meinem Leben noch nie.

Ist dein grüner Daumen angeboren?
Lustigerweise nicht wirklich, nein! Ich musste so einige Rückschläge wegstecken, habe aber dennoch immer weitergemacht. Meine Mutter hat mich stark beeinflusst, weil sie immer Pflanzen im Haus hatte – sie mag Kakteen sehr. Sie weiß fast immer die Antwort, wenn ich mal nicht weiterweiß.

Woher kam die Idee für „Botanica Studio"?
Alles begann damit, dass ich viele Pflanzen, die ich auf Instagram und Pinterest gesehen hatte, auch zu Hause haben wollte. Ihr wildes und exotisches Aussehen hat mich so sehr fasziniert, dass ich lernen wollte, wie man mit ihnen umgeht – und zwar mit jeder einzelnen! Vor ungefähr vier Jahren fing ich dann an, meine Pflanzen auf Märkten zu verkaufen. Ich habe mein Instagram-Profil gestartet und bin auf noch mehr Märkte gefahren. Ich habe einfach immer weitergemacht.

Wie sieht dein typischer Arbeitstag aus?
Wenn man mit Erde zu tun hat, ist nichts wirklich glamourös. Ich züchte Pflanzen aus Samen und Stecklingen und ordere größere Pflanzen aus Europa. Die besten Tage sind für mich die, an denen ich mir neue Pflanzen anschaffe. Ich bringe sie direkt nach Hause und kümmere mich um sie. Danach mache ich den „Botanik-Admin", also an der Webseite arbeiten, Pflanzen fotografieren und E-Mails beantworten. Wenn mir überhaupt eine Sache noch mehr Spaß bringt, als neue Pflanzen zu kaufen, sind das die Märkte, auf denen ich meinen Kunden begegne. Kurz gesagt, mein Arbeitsalltag besteht aus: an Pflanzen denken, Pflanzen bestellen, sie umtopfen und in Designs integrieren. Für mich ein echter Traumjob. ▸

Alice' Marktstand ist prall gefüllt mit Pflanzen, die sie selbst großgezogen hat. Deswegen fällt ihr von einigen der Abschied schwer.

„Wenn mir Menschen erzählen, sie hätten eine Pflanze ‚getötet', flüstern sie es immer, als würden sie gerade einen Mord gestehen"

Welche Pflanzen sind bei deinen Kunden besonders beliebt?

Was immer gut geht, sind pflegeleichte „Wenn sie bei mir überleben, dann auch bei dir“-Pflanzen wie die Leuchterblume (Ceropegia woodii), der Pfeilwurz (Maranta Fascinator Tricolor) und die Efeutute. Doch nicht nur weil sie unkompliziert sind, sondern auch wegen der schönen Blätter sind sie meine Bestseller.

Du züchtest alle deine Pflanzen in einer kleinen Wohnung. Wie funktioniert das?

Du solltest mal meine Wohnung sehen! Pflanzen auf jedem Zentimeter: Sie hängen von Regalen oder der Decke und stehen versammelt um den Fuß des Waschbeckens im Badezimmer herum. Wenn ich im Sommer Blumen gieße, landen meine Riesen wie das Fensterblatt oder die Strelitzien (Strelitzia reginae) alle zusammen in der Badewanne. Ich habe mir angewöhnt, regelmäßig den Boden zu fegen, weil es ansonsten überall sehr schnell sehr schmutzig werden kann. Aber ich will mich nicht beschweren. Meine Wohnung war der optimale Ort, um meine Firma zu gründen. Ich freue mich jedenfalls immer sehr darauf, nach Hause zu kommen. Oft gehe ich vor einem Markt durch die ganze Wohnung und gebe den Pflanzen noch eine letzte Inspektion, bevor ich sie mitnehme. Manchen Pflanzen trauere ich nach dem Verkauf wirklich hinterher.

Dass uns die Natur guttut, hat inzwischen fast jeder begriffen. Was denkst du, inwiefern uns Zimmerpflanzen beeinflussen?

Wenn mir Leute erzählen, sie hätten eine Pflanze „getötet“, flüstern sie es immer, als würden sie gerade einen Mord gestehen. Wir nutzen Wörter wie „töten“ und „abgestorben“ im Zusammenhang mit Pflanzen. Das könnte daran liegen, dass wir zu allem, was lebt, so eine starke Bindung aufbauen, speziell bei den Lebewesen, die wir mit nach Hause nehmen. So macht sich der Besitz von Pflanzen auch auf emotionaler Ebene bemerkbar. Der Stolz, eine Pflanze lange am Leben zu erhalten, kann massiv zu unserem Wohlbefinden beitragen. Und, so verrückt es klingen mag, ich rede sogar mit ihnen. Auf eine nette Art und Weise. Mir selbst geht es nämlich immer besser, sobald mir jemand ein Kompliment macht. Wieso sollte das bei Pflanzen anders sein?

Du kannst uns doch bestimmt ein paar Stylingtipps mit auf den Weg geben.

Ich fange immer mit Farben, Struktur und Kontext an. Beim Styling von Wohnräumen und Gewerbeflächen versuche ich zuerst herauszufinden, was die Bewohner oder Nutzer mithilfe der Pflanzen erreichen wollen: Dreht es sich nur die Ästhetik? Müssen die Pflanzen pflegeleicht sein? Sollen oder dürfen sie das Raumdesign dominieren? Anhand dieser Punkte kann ich für meine Kunden jeweils eine individuelle Auswahl an Pflanzen treffen, die sich über kurz oder lang am besten für den jeweiligen Raum eignet.

Hast du Tipps zum Fotografieren von Pflanzen in der Wohnung?

Ich mache meine Bilder zu Hause. Die Wohnung ist in einem satten Grün und Millennial Pink gestaltet – die Farben meiner Marke. Bilder im Zimmer statt vor einer weißen Wand zu machen, betont den Platz, den die Pflanze in unserem Zuhause hat. So entsteht ein authentischer Look, und das ist am Ende das, worauf es meinen Kunden ankommt.

Grundsätzlich fotografiere ich immer aus einem ähnlichen Blickwinkel und verzichte auf Nahaufnahmen und Weitwinkel, sodass eine natürliche Einheit der Fotos entsteht. Aber keine Gleichförmigkeit: Bei mir steht überall irgendwelcher Schnickschnack herum, der sich in die Fotos schleicht. Zu guter Letzt mache ich mir das Licht zunutze. Jeden Tag von 11 bis 13 Uhr scheint die Sonne wunderbar in meine Wohnung, oft schnappe ich mir dann eine Pflanze für ein spontanes Foto.

Hast du einen Lieblingspark, -garten oder eine Lieblingsgrünfläche?

Die Kew Gardens sowie der Botanische Garten in Glasgow. Heiß, stickig und umgeben von Pflanzen aus dem Dschungel mag ich es am liebsten. Diese Plätze sind eine tolle Inspiration für mich. Oft schreibe ich mir die Namen der Pflanzen auf und überlege sofort, wo ich so eine für mich herbekommen könnte.

Welche Zimmerpflanzen-Trends siehst du in nächster Zeit auf uns zukommen?

Ich gehe davon aus, dass klassische Zimmerpflanzen wie Schusterpalmen und Schwertfarne ihre Comebacks feiern. Sie wohnen seit Jahrhunderten mit in unseren Häusern und wirken dadurch ein wenig nostalgisch. Und wenn man seine Schusterpalme gut pflegt, wird sie so alt, dass man sie noch an seine Kinder vererben kann!

Was sind deine Wünsche und Träume für das „Botanica Studio“?

Weil die Firma ständig wächst, ziehe ich nach und nach in ein größeres Lager um. Dort habe ich das richtige Licht sowie die richtige Temperatur und Atmosphäre. Auf diese Weise kann ich meine Wohnung eher für meine Lieblingspflanzen sowie als Hintergrund für Fotos nutzen. Außerdem habe ich vor, den Online-Teil meines Geschäfts noch zu vergrößern und an größeren Projekten zu arbeiten. Mein Traum ist, einfach alles am Laufen zu halten, langfristig möchte ich in Vollzeit mit Pflanzen arbeiten. Einen Mini-Job habe ich immerhin schon daraus gemacht.

MEHR VON ALICE

Folge Alice auf Instagram, um noch mehr ihrer Ideen zu bestaunen. Und falls du mal in der Gegend bist, sag ihr Hallo: Sie postet natürlich auch, wann sie auf welchen Märkten steht. @botanica_studios
Im „Botanica Studio Shop“ kannst du 24/7 Pflanzen von Alice bestellen: botanicastudio.co.uk/shop ▸

Kann ich helfen? Alice liebt es, ihre Kunden bei der Wahl der passenden Pflanze zu beraten.

ALICE' PFLANZENSTECKBRIEF

Ihre persönlichen Lieblingspflanzen und ein paar wertvolle Tipps

In Eigenregie hat sich Alice Dobie ihr komplexes Wissen über Zimmerpflanzen angeeignet – und schließlich ihren Laden „Botanica Studio" gegründet. Von ihren Ratschlägen können nicht nur Anfänger profitieren.

Welche war deine erste Pflanze?
Zwar nicht meine erste, aber eine ganz besondere Pflanze ist für mich mein Köstliches Fensterblatt. Ich habe es vor ein paar Jahren zum Geburtstag bekommen. Mittlerweile ist es schon dreimal so groß wie damals. Ich nenne ihn auch Mcheeseason (von engl. Swiss Cheese Plant = Fensterblatt).

Welche ist momentan deine Lieblingspflanze?
Ich liebe die Forellenbegonie (Begonia maculata), die auch als Polka-Dot-Begonie bekannt ist. Eine fotogene Pflanze, wie gemacht für Instagram. Sie ist nicht ganz pflegeleicht, das Geheimnis ist, ihr genug Feuchtigkeit zu geben. Die Pflanze wächst normalerweise in Bodennähe im Regenwald, das heißt, sie mag warme, feuchte Luft und feuchte Erde.

Und deine Wunschpflanze?
Die Monstera deliciosa variegata! Die ist selten und extrem teuer. Falls jemand eine hat und mir einen Ableger schicken könnte, wäre ich sehr dankbar!

Eine gute Anfängerpflanze?
Da empfehle ich zwei. Zuerst den Gummibaum (Ficus elastica). Du findest ihn mit verschiedenen extravaganten Blattfarben, die wie gemalt aussehen. Der Ficus elastica „Belize" ist beispielsweise grün und hellrosa! So ein Gummibaum fühlt sich eigentlich überall wohl, aber gieß ihn bitte nicht zu oft.

Zweitens die Efeutute (Epipremnum aureum). Auch da gibt es mehrere Varianten. Die Pflanze wächst superschnell und fühlt sich auch bei indirekter Beleuchtung wohl. In der Wachstumsphase (März bis September) freut sie sich einmal im Monat über Dünger. Um sie zu vermehren (zum Verschenken oder für eine buschigere Pflanze), brauchst du nur einen Ableger abzuschneiden, ins Wasser zu legen – und kannst ihm quasi beim Wachsen zuschauen!

Dein Lieblingsort zum Shoppen?
Secondhandläden. Ich bin Jägerin und Sammlerin in einem. Ich finde in jedem British-Heart-Foundation-Shop einen schönen Blumentopf, sogar wenn er in der hintersten Ecke steht und kein Loch im Boden hat. Sollte er mir gefallen, nehme ich ihn mit und habe kein Problem damit, selbst ein Abflussloch hineinzubohren.

Hast du einen Geheimtipp für Pflanzen aus dem Supermarkt?
Die haben meistens zuvor viel Zeit in dunklen Lagerhallen verbracht, darum brauchen sie besonders viel Zuneigung. Google die Pflanze und finde heraus, wo in deiner Wohnung sie sich am wohlsten fühlt.

Was macht eine gute Erde aus?
Mische hochwertige Pflanzenerde mit Komposterde, da diese allein zu schwer ist. Um einen Flüssigkeitsstau zu vermeiden, gib noch etwas Sand mit in den Mix.

„Ich rede auch mit meinen Pflanzen. Und zwar auf eine nette Art und Weise. Mir selbst geht es nämlich sofort besser, wenn mir jemand ein Kompliment macht. Wieso sollte dies bei Pflanzen anders sein?“

KLEINE ECKEN

Trotz schummriger Beleuchtung haben Flure und versteckte Winkel ungeahntes grünes Potenzial

Nicht alle haben das Glück, einen Garten zu haben. Nicht jeder Raum hat eine Fensterbank. Trotzdem hat jede und jeder Platz für mindestens eine Zimmerpflanze. Und wenn einen erst mal das Pflanzenfieber packt, sieht jeder Ort nach einem potenziellen Standort aus. Plötzlich scheint sich das Fenster im Treppenhaus nach einem Schwertfarn zu sehnen. Der Flur könnte eine Grünlilie in einem Makramee-Topfaufhänger vertragen. Und falls du dich an deinen eigenen Pflanzen sattgesehen hast, hol dir im Internet neue Inspirationen von Pflanzen-Enthusiasten aus aller Welt.

Eine von ihnen ist Judith de Graaff. Die Grafikdesignerin stammt aus den Niederlanden und lebt in Südfrankreich. Ihr stylishes Instagram-Profil (@joelixjoelix, siehe Seite 119) steckt voller Ideen – sei es die Auswahl der Pflanzen, die Präsentation oder die Kombination mit Wohnaccessoires.

> Du hast ein Regal oder eine Fläche in einer für Pflanzen eigentlich ungünstigen Lage? Macht nix, es gibt für jedes Plätzchen die richtige Pflanze

Egal wo bei dir noch ein Platz im Regal oder eine Fläche frei ist: Im vielseitigen Reich der Pflanzen findet sich die richtige Pflanze für jeden Ort. Ein Frauenhaarfarn oder Bogenhanf wird sich nicht beschweren, wenn er nicht viel Sonne sieht. Beide haben außerdem ein Blattwerk, das sowohl zu traditionellen als auch zeitgenössischen Einrichtungsstilen passt. Platzmangel ist kein Argument, eine kleine Sukkulente in einem zierlichen Topf passt überall hin. Diese sind obendrein pflegeleicht und haben sehr dekorative, markante Formen. Bei etwas mehr Platz probier es mit einem Ficus Bonsai. Der braucht zwar etwas aufwendigere Pflege (Beschneiden ist zwingend notwendig), aber seine interessante Optik lohnt den Aufwand allemal. Auch die Geigenfeige ist eine hervorragende Kandidatin, wenn man wenig Platz auf dem Boden hat, nach oben hin aber alles frei ist. Sie wächst groß, aber nicht zu buschig. Ihre dunkelgrünen, wie gewachsten Blätter werten jede Nische oder Zimmerecke auf.

Natürlich kannst du das Internet durchkämmen; fast alle Pflanzenhändler bieten Suchmasken, in die du die Lichtverhältnisse, Größen- und Farbwünsche eintippen kannst. Ein anderer Weg, um die richtige Pflanze zu finden, ist der Gedanke an deine Lieblingsorte im Haus oder in der Wohnung – oder auch nur in einem speziellen Zimmer. Ein bequemer Sessel, in dem du abends abschaltest, oder der Bereich, in dem du Yoga machst oder meditierst: Welche Art Grün passt hierher und zu der Stimmung, die du mit diesem Ort verbindest?

Wenn du noch keine große Pflanzenversteherin (oder ein -versteher) bist, starte mit einem Philodendron. Der zeigt dir, wie er sich fühlt: Färben sich seine Blätter gelb, möchte er in den Schatten, bleiben sie klein, braucht er etwas Dünger. So kannst du kaum etwas falsch machen.

Rechts: Viele Pflanzen kommen mit wenig Licht aus. Also räum die toten Winkel für neue Mitbewohner frei. Sie erhellen die Stimmung!

Zu klein, zu dies, zu das?

Lassen wir nicht gelten. Sondern zeigen dir ein paar Beispiele, wie es eben doch geht mit den Pflanzen und dir

Stabile, offene Regale sind gute Trenner für verschiedene Bereiche, weil sie den Raum nicht einengen. Und egal ob einzeln oder als Gruppe: Pflanzen bringen noch einen natürlichen Touch.

Die Pflanzenleiter

Ein paar Sprossen, fertig ist das dekorative (und mobile) Pflanzenregal. Es bietet dir die Chance, Prachtexemplare auszustellen, und verstellt neugierigen Nachbarn den Blick durchs Fenster (wenn die Pflanzen mit der Sonne zurechtkommen). Für noch mehr Platz ein Brett quer zwischen die beiden Beine legen.

Schlanke Regale

Da sich genügsame Pflanzen schon in einem 15-cm-Topf wohlfühlen, muss das Regal dafür nicht breiter sein und kann platzsparend an die Wand gedübelt oder mobil dagegengelehnt werden. Regale mit offenen Seiten wirken noch leichter und lassen die Luft um die Pflanzen herum zirkulieren.

In Reihen

Du brauchst nur ein Schienensystem (online in unzähligen Varianten erhältlich) und Metzgerhaken, fertig ist eine preisgünstige und sichere Pflanzenaufhängung. Gießen und Umstellen – schnell erledigt. Mit mehreren Schienen bist du nur einen Schritt von einer lebenden Wand entfernt!

Der Eckensteher

Indem du dein Sofa nur minimal von der Wand wegrückst oder drehst, ergibt sich schon ein neuer Platz für eine Pflanze. Den Topf stellst du auf einen Hocker, einen Retrokoffer oder eine schöne Holzkiste (Stauraum!). Ist die Pflanze dann groß genug, liegst du auf deinem Sofa unter einem grünen Baldachin.

Schwebende Regale

Ein stehendes oder hängendes Regal hinter bzw. über dem Betthaupt bietet nicht nur Platz für allerlei herumfliegenden Kram und schafft eine optische Einheit, sondern wird auch zum neuen Zuhause für allerlei Pflanzen. Welche sich am besten fürs Schlafzimmer eignen, kannst du ab Seite 60 noch mal nachlesen.

Im Rahmen

Du kannst von Pflanzen nicht genug kriegen? Übernimm das Thema in andere Dekorationen. Zum Beispiel mit Tapeten oder einzelnen Blattdrucken an der Wand. Wenn dir die Blattform einer Pflanze gefällt, schneide sie aus Papier aus und häng sie auf oder nimm sie (aus Pappe) als Vorlage für eine Spray-Aktion. ▸

Einzelstücke

Dir wird schnell langweilig? Das Raumdesign ruckzuck und immer wieder umzugestalten geht am leichtesten mit temporären Dekorationen. Klebe abgeschnittene oder abgefallene Blätter auf stabiles Papier (große auch ohne) und hänge oder klippe sie an eine gespannte Schnur – mehr Grün in wenigen Minuten!

Doppelstücke

Platziere deine Pflanzen und mehrere Spiegel so geschickt, dass sich das Grün verdoppelt. Ein toller optischer Effekt! Auf den ersten Blick wirkt der Spiegel dadurch fast wie das Gemälde einer Pflanze. Und es lässt den ganzen Raum weiter und heller erscheinen, als er tatsächlich ist.

Das (fast) lebendige Bett

Zwar hilft sie etwas weniger beim (Ein-)Schlafen als echte Pflanzen, trotzdem könnte es eine mit Blättern bedruckte Bettwäsche auf die Wunschliste für erholsame Nächte schaffen: Du baust dir damit ein Nest, in dem du dich geborgen fühlst.

Die lebendige Tapete

Führe eine Kletterpflanze mit kleinen Haken (evtl. zusätzlich auch Schnüren) an der Wand entlang. Starke Haken, die du spurlos wieder entfernen kannst, bekommst du in jedem Baumarkt – perfekt für Mieter oder spontanes Umdekorieren.

Die grüne Treppe

Du hast eine Treppe zu Hause, aber weder tobende Kinder noch Katzen? Dann beneiden wir dich um die Chance auf eine extravagante Deko: Stell auf jede Stufe eine Pflanze. Das bringt Dramatik und wirkt gleichzeitig südländisch-einladend.

Das grüne Klettergerüst

Weg mit den Stäben, die sowieso ständig zu kurz sind: Ermutige deine Kletterpflanzen mit einem Indoor-Rankgerüst, die Wand zu erobern. Schön für grafisch gestaltete Räume. Du kannst so ein Gestell auch selbst binden, z. B. aus Bambusstängeln.

KLEINE ECKEN

DAS GRÜNE HOMEOFFICE

An vielen Schreibtischen besteht das Drumherum nur aus To-do-Listen, Regalen und Ablagen. Seufz. Bring Frische und Leichtigkeit an deinen Arbeitsplatz, ohne dass dir wertvolle Stellfläche verloren geht. Das funktioniert einfach und schnell mit einer Hängepflanze im Regal oder mit hängenden Töpfen. Die Belohnung: Dein Kopf wird frei und dein Denken kreativer. ***Hänge(über)töpfe findest du online aus nahezu jedem gewünschten Material.***

Verspielte Töpfe

Für Leute, die das Leben nicht so ernst nehmen

1. Unser Held kehrt zurück
Genau wissen wir zwar noch nicht, ob es Spinnen auf dem Mars gibt, aber Ziggy Stardust in der Wohnung ist uns sowieso lieber. Der niedliche Bowie-Blumentopf ist online in verschiedenen Größen und Ausführungen erhältlich. Für ca. 18 Euro über kraftykdesign.etsy.com.

2. Der läuft nicht weg
Diese Keramiktöpfe sind der Lacher zwischen deinem Grünzeug. Er sitzt mit gestreckten Beinen oder auf der Kante oder seilt sich von der Decke ab. Dein Team für alle Pflanzen-Fälle! Für ca. 38 Euro über madrigueraworkshop.com.

3. Hier stimmt die Chemie
Du warst früher schon gut in Chemie? Dann gefällt dir bestimmt diese Idee. Im Internet findest du viele Möglichkeiten, um einem Laborkolben natürliches Leben einzuhauchen. Kakteen oder kriechende Pflanzen wirken besonders eindrucksvoll. „Chemist Terrarium Kit" für ca. 28 Euro über redcandy.co.uk.

4. Die Unterstützung wächst
Diese Buchstütze, bestehend aus zwei halben wasserdichten Töpfen, gefällt Bücherwürmern wie auch Botanikern. Und bringt auf dem Nachttisch genauso viel Spaß wie mit Kräutern in der Küche. Für ca. 20 Euro über coanoa.de.

Du hast mich gerettet!
Für eingefleischte New-York-Fans unverzichtbar: Wie beim Original sind die einzelnen Etagen dieser Mini-Feuertreppe mit Leitern verbunden, und natürlich hat die Treppe auch Geländer, die die kleinen Topfpflanzen vor dem Abstürzen bewahren. Ähnlich über ebay.de, ca. 23 Euro.

GRATEST HITS

RANDNOTIZEN

FÜR KLEINE ECKEN

MINI-BÄUME ZIEHEN

Der Versuch, einen Avocadostein zum Sprießen zu bringen, sah bislang nicht sonderlich stylish aus. Von Ilex Studio (www.ilexstudio.com; ca. 40 Euro) kommt jetzt eine sich oben stark verengende Vase, deren Kragen den Platz für den Stein bildet. Die Wurzeln wachsen einfach nach unten ins Wasser. Auf www.botanopia.com werden sogenannte Keimplatten angeboten, mit denen du Gläser abdecken kannst, um Avocado, Mango, Mandel oder Eiche zu ziehen (ca. 15 Euro). Wie ein wissenschaftliches Experiment sieht es aus, wenn du Bäumchen in Reagenzgläsern oder Kolben wachsen lässt – bestimmt ein sofortiges Gesprächsthema für deine Gäste!

NEBEN- UND HAUPTSAISON

Viele Pflanzen sind in der kalten Jahreszeit weniger durstig und brauchen außerhalb der Wachstumsphase auch keinen Dünger. Es ist üblich, dass Pflanzen in eine Art Winterruhe gehen und man nur ab und zu nach ihnen sehen muss. Achte darauf, dass die Pflanzen an ihrem Standort weder Zug- noch Heizungsluft ausgesetzt sind.

KLEINE GRÜNE SCHÄTZE

Man braucht wirklich nicht viel Platz für Pflanzen. Sukkulenten passen z.B. überall hin. Ein kleiner, kompakter Topf kann zu einem coolen Briefbeschwerer werden (auf Seite 47 siehst du ein Beispiel), oder du pflanzt sie einfach in eine ausgediente Kaffee- oder Teetasse, die du ins Bücherregal stellst. Aber bitte am vorderen Rand, damit noch genügend Licht drankommt.

Grüne Welt

Die aufregendsten Ideen rund um Pflanzen entdeckt man auf Instagram. Halt dir gleich mal ein Stündchen dafür frei. Oder drei …

Olle Eriksson hat einen Traumjob: Er arbeitet als Pflanzenberater. Auf seinem Feed findest du beeindruckende Fotos, Geschichten und Top-Tipps und bekommst sogar die Chance, ihm Fragen zu stellen.
@upleafting

Die Fotografin und Stylistin Lore Mingels aus Gent, Belgien, zeigt auf ihrem Profil Pflanzen in einer dramatisch-prachtvollen Perspektive. Ein einfacher Schatten auf glänzenden, dunklen Blättern – das hat man so noch nicht gesehen.
@min__lor

Die Leidenschaft von Tina und Alex ist ihr städtischer Indoor-Dschungel. Fotografieren können sie auch: Du siehst einzigartige Aufnahmen ihrer Pflanzen. Und natürlich von ihrem Assistenten, dem Toy-Pudel Kewpie.
@forrest.fig

Mehr als 80 Pflanzen beherbergt Christopher Griffin in seiner Wohnung in Brooklyn. Sein Account macht gute grüne Laune: Meist sieht man ihn mit einem strahlenden Lachen. ▸
@plantkween

Der schwedische Pflanzenberater Olle Eriksson lebt auch mal in Panama oder Brasilien, wo seine Leidenschaft für alles Grüne sicher tropenhaft ins Kraut schießt. @upleafting

Wie viel Zeit er wohl mit Gießen verbringt? Jamie Song hat seine Pflanzen so arrangiert, dass sie den Platz und das natürliche Licht perfekt nutzen können. @jamies_jungle

Das einzig Dunkle auf Judith de Graaffs farbenfrohen Fotos ist dreimal schwarzer Kater. Sie veröffentlicht auch Bücher mit ihrem Freund Igor (mehr darüber auf Seite 122).
@joelixjoelix

Wunderschöne Layouts und eine beneidenswerte Inneneinrichtung kannst du auf der Seite der Fotografin und Pflanzenliebhaberin Sarah bewundern. Für Schnappschüsse wie diesen überlässt sie die Kamera auch gern mal ihrer sechsjährigen Tochter.
@fern.mama

In seinem sonnigen Zuhause in London hat Jamie Chen Song einen wahren Dschungel an tropischen Pflanzen angelegt. Die beiden waren sogar schon in der BBC-Sendung „Gardeners' World" zu sehen. Nimm dir viel Zeit, um sein Profil anzuschauen!
@jamies_jungle

Thien verrät nur: „I'm a plant lady, what is your superpower?" Sie hat ein Faible für Setzkästen – auch in groß, die sie dann wiederum mit Pflanzen füllt. Sieht super aus. Ebenso ihre gestickten Exemplare. ▸
@thithieniii

Das Gegenteil von konventionell ist der Account von Seija Margareta aus Helsinki. Bei ihr grünt es wirklich in jeder Ecke. Eine Fundgrube an Anregungen und Inspirationen für deine eigene Wohnung!
@plantsandcollecting

Zimmerpflanzen, Kaffee und Katzen – das sind die drei Favoriten im Leben der dänischen Designerin Karin Helvig. Auf ihren Fotos zeigt sie auch mal faszinierende Details, von der Blüte bis zur Wurzel.
@my_green_mess

Während er sich von einem Herzstillstand erholte, schaffte sich Mohamed Osman seine ersten Kakteen an. Auf seinem Account gibt er seinen Abonnenten Einblicke in sein Zuhause. So viel sei verraten: Es ist wirklich, wirklich grün.
@behind_the_seeds

Das Paar aus den Niederlanden hält sich selbst im Verborgenen, zeigt aber atemberaubende Bilder aus seiner permanent wachsenden Pflanzensammlung (am liebsten großblättrig und ein bisschen exzentrisch).
@thedutchplantaddicts

Seija Margareta nennt ihr Zuhause in Helsinki einen städtischen Dschungel. Sie sammelt verschiedene Pflanzenarten, darunter Kakteen in allen Formen und Größen. @plantsandcollecting

BÜCHER

DIE FÖRDERN DAS WACHSTUM

Nach ein paar Seiten wirst du deine Pflanzen und oft auch dich selbst besser verstehen

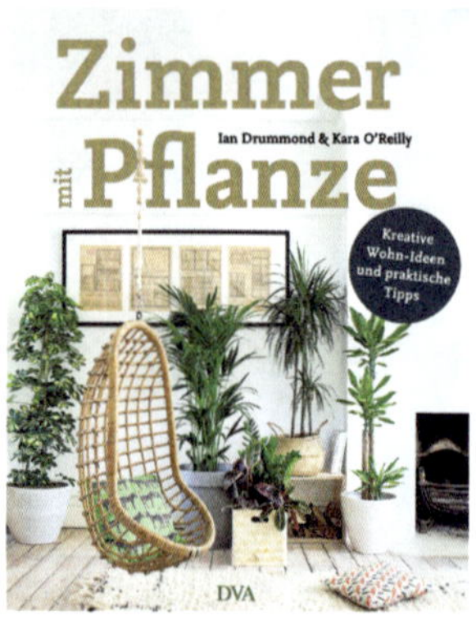

Zimmer mit Pflanze

Ian Drummond & Kara O'Reilly

(DVA, 22 Euro)

Dieses Buch ist vollgepackt mit Grundlagen und daher unverzichtbar für alle, die sich im Reich der Zimmerpflanzen noch nicht so auskennen. Von der Auswahl des Topfes bis hin zur Pflege erklärt es alles, was beim Thema Indoor-Grün Fragen aufwerfen könnte. Besonders hilfreich sind die Abschnitte mit Empfehlungen, welche Pflanze sich an welchem Ort am wohlsten fühlt.

Außerdem erfährst du viel über die gesundheitlichen Effekte, die einige Pflanzen mit sich bringen. Kurz: Jede Seite ist eine Inspiration mit Fotos, die auch bekannte Zimmerpflanzen faszinierend neu erscheinen lassen.

Plant Tribe: Vom glücklichen Leben mit Pflanzen

Judith de Graaff / Igor Josifovic

(Prestel, 32 Euro)

Mit dem Vorgänger-Buch „Urban Jungle" landeten Judith und Igor bereits einen Erfolg, jetzt waren sie auf Weltreise. Denn der „Plant Tribe" ist eine globale Bewegung von Pflanzenliebhabern, die hier auch zu Wort kommen. Der Ansatz im Buch ist leicht esoterisch, aber nicht spinnert. Liebe, Energie und Achtsamkeit spielen wichtige Rollen. Neben den unzähligen praktischen Tipps zur Pflege einzelner Arten findest du Styling-Ideen für jeden Raum, oft mit Kristallen. Auch einen Blick wert: Judiths Instagram-Profil, siehe Seite 119.

Plantopia

Camille Soulayrol

(Flammarion, ca. 22 Euro)

Stylistin und Co-Editor bei der Zeitschrift „Marie-Claire Idées" – da verwundert es nicht, dass das Buch von Camille Soulayrol französisches Flair ausstrahlt. Natürlich nicht nur das: Neben den Tipps zur Pflege und effektvollen Präsentation von Pflanzen liefert es viele Ideen für DIY-Projekte, darunter Terrarien, Pflanzgitter, Kränze sowie Aufhänge-Vorrichtungen. Camille scheint auf jede Frage eine Antwort zu haben. Wer gern kreativ wird, findet außerdem Stickerei-, Papier- und Illustrationsprojekte. Tipps fürs persönliche Wohlbefinden runden das Ganze ab.

Grünes Zuhause

Darryl Cheng
(Goldmann, 14 Euro)

„Der Survival-Guide für Zimmerpflanzen" macht seinem Namen alle Ehre, doch bevor es ans Eingemachte geht, bietet er zunächst einen philosophischen Blick auf die Geschichte. Danach folgen die detaillierten Ratschläge für jede Pflanzenmama bzw. jeden Papa.

Das Buch ist unterteilt in Grundlagen und Erfahrungen aus der Praxis. Im zweiten Abschnitt bekommst du detaillierte Infos zu 19 Pflanzen und ihren speziellen Bedürfnissen – und das liest sich keineswegs trocken. So beschreiben etwa die „Beobachtungen bei der Aufzucht von Monstera" in Text und Bild den ersten Tag mit einem widerspenstigen Fensterblatt. Da zeigt sich besonders deutlich, was bei richtiger Pflege der Pflanze möglich ist.

Die schönsten Zimmerpflanzen für dunkle Räume

Lisa Eldred-Steinkopf
(Bassermann, 12,99 Euro)

Pflanzen zu lieben und nicht in lichtdurchfluteten Zimmern zu wohnen hieß bislang: verzichten, beschränken, Kunstblumen. Dass das nicht so sein muss, zeigt die Autorin anhand von 50 Porträts von Gewächsen, die mit sehr wenig Licht auskommen. Die geschickte Beleuchtung ist natürlich ein wesentlicher Punkt, aber auch alle anderen Basics werden übersichtlich und leicht verständlich präsentiert. Mehr auf Lisas Blog www.thehouseplantguru.com, dort kannst du ihr auch Fragen stellen.

Die heilende Kraft der Zimmerpflanzen

Fran Bailey
(Irisiana, 18 Euro)

Das ist der heilige Gral der grünen Handbücher! Leicht umzusetzende Pflegetipps sowie Beschreibungen von 80 verschiedenen Pflanzen machen das Buch schon ungeheuer wertvoll, aber es hat, wie der Titel besagt, noch viel mehr zu bieten. Denn es geht ausführlich darum, was die Pflanzen für uns tun können. Wähle deine Pflanze anhand des Raums aus, in dem sie stehen soll – oder anhand ihrer Superkraft. Das wird deinen Körper und deine Seele positiv beeinflussen. Die Autorin Fran Bailey denkt ganzheitlich und hat viel botanische Erfahrung: Sie wuchs auf einer Blumenfarm auf, studierte Gartenbau, lernte Floristin und machte sich 2013 mit ihrem eigenen Blumenladen selbstständig.

WERKZEUG, LICHT UND WASSER

Nimm dir hier die Zeit für ein paar Basics. Das ist interessanter als erwartet – und auch deine Pflanzen haben mehr Spaß, je mehr du weißt

WERKZEUG

Eine kurze Rubrik, denn ehrlich gesagt brauchst du für eine gute Pflege wenig bis gar kein Spezialwerkzeug. Allerdings erleichtern eine Sprühflasche und ein paar Mini-Geräte wie Schaufel, Harke und Schere das tägliche Hantieren mit den Pflanzen deutlich.

LICHT

Denk mal kurz an den Biologie-Unterricht zurück: Eine Pflanze „trinkt" Wasser, „atmet" Kohlendioxid und braucht Licht für Fotosynthese. Das sind die Grundlagen ihres Überlebens. Die Fotosynthese wird von den sogenannten Chloroplasten erledigt, die ihr auch ihre grüne Farbe geben. Sie befinden sich in den Blattzellen und wandeln mithilfe der Lichtenergie Wasser und Kohlendioxid in Zucker um, von dem sich die Pflanze ernährt. Bei diesem Prozess entsteht als Nebenprodukt Sauerstoff. Wenn nur eine der drei Komponenten fehlt, kann sich die Pflanze kein Futter herstellen und verhungert. Obwohl manche weniger Licht brauchen als andere: Keine Pflanze kann komplett ohne Licht überleben. In der Wachstumsphase brauchen viele sogar mindestens 12 Stunden Licht pro Tag! Das ist also ein ziemlich wichtiger Punkt bei der Planung deines Indoor-Gartens: Wie viel Licht braucht jede einzelne Pflanze und wie viel steht davon in jedem Zimmer zur Verfügung?

Beobachte auch die Veränderungen des Lichts über den Tag hinweg: Wann strahlt es im Raum wohin, wo wirft es Schatten und wie ändert sich die Intensität von früh über mittags bis abends? Was viele nicht wissen: Je mehr es Richtung Zimmerdecke geht, desto schwächer wird das Licht. Also aufpassen, bevor du Pflanzen zum Aufhängen kaufst oder auf den Schrank stellst. Saubere, staubfreie Fenster lassen angeblich bis zu zehn Prozent mehr Licht durch. Nicht, dass wir das überprüft hätten, aber es klingt total plausibel.

TIPP

Denk bei der Standort-Wahl daran, dass Wände und Decken das natürliche Licht besser reflektieren, je heller sie gestrichen sind. Dunkle Farben „schlucken" (absorbieren) das Licht. Bye-bye!

ERLEUCHTUNG

Welche Pflanze braucht wie viel Licht? Geh auf Nummer sicher und informiere dich vor dem Kauf. Hier ein erster Überblick.

** **Schatten:** Es bleibt dabei, dass ohne genügend Licht keine Pflanze überleben kann.*
** **Halbschatten** (Flure und versteckte Plätzchen). Gut für winterfeste Laubpflanzen wie z. B. die Schusterpalme (Aspidistra elatior), den Bogenhanf (Sansevieria trifasciata), die Glücksfeder (Zamioculcas zamiifolia), den Pfeilwurz (Calathea) sowie die kompakten Drachenbäume (Dracaena).*
** **Hell** (die durchschnittliche Helligkeit in einem Wohnzimmer). Passend für bunte Laubpflanzen, Palmen, Blumen wie die Orchidee und Blumenzwiebeln. Helles Licht (gemeint ist nicht Sonnenschein!) mögen fast alle Pflanzen.*
** **Sonnenlicht** (auf der Fensterbank). Hierfür eignen sich Kakteen und Sukkulenten, Kräuter sowie verschiedene Feigenbäume (Ficus).*
** **Volles Sonnenlicht** (Fensterbank an der Südseite des Hauses). Nur wenige Zimmerpflanzen fühlen sich in der prallen Sommersonne wohl, weil sie ihre Blätter „verbrennt".*

WARNSIGNALE

... für zu wenig Licht:
** Die Blätter färben sich gelb*
** Zuvor bunte Blätter werden grün*
** Die Blätter fallen aus*
** Die Erde trocknet nicht so schnell aus wie gedacht, sondern bleibt konstant feucht, manchmal bilden sich beim Gießen Pfützen*

... für zu viel Licht:
** Die Blätter welken*
** Die Blätter bekommen braune Spitzen oder auch braune „Brandflecken"*
** Die Erde trocknet sehr schnell aus*

WANN UND WIE GIESSEN?

Bei der Pflege von Pflanzen ist das Gießen die größte Fehlerquelle. Jede Pflanze braucht eine gewisse Menge Wasser zum Überleben, klar. Wenn sie austrocknet, wird sie schwach und anfälliger für Schädlinge und Krankheiten. Das Gleiche passiert, wenn sie ständig zu nass steht. Eine generell anwendbare Regel für die Bewässerung kann es nicht geben, die benötigte Wassermenge hängt immer u. a. von der Pflanze, deren Größe und der Jahreszeit

Beim Gießen ist Mittelmaß nicht bäh, sondern goldrichtig: Bitte nicht zu kalt, nicht zu warm, nicht zu viel, sondern kleine Portionen lauwarmes Wasser.

ab. Immerhin existiert eine Faustregel: Sobald die Erdoberfläche trocken ist und eine fast schon pulverartige Konsistenz aufweist, musst du gießen.

Lass bei allen Zimmerpflanzen (außer Orchideen) das Wasser zwischen die Erde und die untersten Blätter der Pflanze laufen, nah an den Stamm. Das geht zielgenau mit einer langhalsigen Gießkanne (nein, die sind nicht spießig, sondern praktisch). Vermeide, dass Wasser auf die Blätter oder Blüten tropft, es könnte sie beschädigen. Nach zehn Minuten gießt du das Wasser, das noch nicht versickert ist, vorsichtig ab. Sonst wird womöglich aus gesunder Feuchtigkeit eine Staunässe, die zu Wurzelfäule führt – wodurch die Pflanze schließlich eingeht.

Nicht vergessen: Während der Wachstumsphase im Frühjahr und Sommer haben Pflanzen einen höheren Wasserbedarf als im Winter.

URLAUB OHNE PFLANZEN

Generell kommen Pflanzen für bis zu zwei Wochen unbeaufsichtigt aus. Falls du – vor allem im Sommer – länger unterwegs sein und bei deiner Rückkehr keinen Friedhof vorfinden möchtest, organisiere sicherheitshalber einen Pflanzensitter oder triff zumindest ein paar Vorbereitungen, bevor du von draußen abschließt:

** Arrangiere die Pflanzen in einer Gruppe an einem relativ kühlen Ort, vielleicht in einer Gießwanne, auf jeden Fall fern von der prallen Sonne, um ein Mikroklima aus Feuchtigkeit um sie herum zu erschaffen. Über solche Grüppchen in den Zimmern freut sich auch der Pflanzensitter, weil es ihm die Arbeit gewaltig erleichtert (und er wird niemanden übersehen).*

** Vor der Abreise alle Pflanzen gründlich gießen, aber nicht im Wasser stehen lassen.*

** Zimmerpflanzen brauchen mindestens 15 °C, darum sei nicht geizig und lass auch während einer Winterreise die Heizung laufen. Die Idealtemperatur liegt für die meisten Pflanzen zwischen 18 und 21 °C.*

** Die Zukunft naht: Die Entwicklung von App-gesteuerten Gießsystemen ist in vollem Gange! Bald kannst du deine Blumen auch vom Strand aus gießen.*

WARNSIGNALE

… für zu viel Wasser:

** Neue und alte Blätter fallen der Pflanze gleichzeitig aus*

** Auf den Blättern entstehen braune Flecken*

** Die Pflanze selbst oder die Erde sieht etwas schimmelig aus*

** Die Wurzeln beginnen zu faulen, sie sehen matschig und dunkel aus. Mitunter entsteht sogar ein unangenehmer Geruch.* *Alarm! Gleich weitermachen mit Seite 126*

… für zu wenig Wasser:

** Die Blattränder werden braun und trocken*

** Die Blätter werden welk und schlaff*

** Die untersten Blätter färben sich gelb und verlieren ihre Form*

** Du siehst das Licht durch die Blätter scheinen* ▸

ERFRISCHEND: DAS UMTOPFEN

Natürlich wird es den Wurzeln überall irgendwann zu eng. Je sorgfältiger du beim Umzug der Pflanze vorgehst, desto besser wächst sie danach

EINE GUTE GELEGENHEIT

Wenn du eine Pflanze aus ihrem Topf nimmst, bietet es sich direkt an, sie von oben bis unten zu überprüfen, auch auf Schädlinge, sodass sie im neuen Topf frisch an den Start geht.

Schritte 1 und 2
Wohnte die Pflanze bisher in einem dünnen Plastiktopf, drück ihn seitlich vorsichtig zusammen, um die Erde zu lockern. Einen soliden Topf legst du auf die Seite und klopfst rundherum. Mach dir die Schwerkraft zunutze. Notfalls trennst du die Erde mit einem flachen Löffel oder Pfannenwender von der Innenseite. Dann ziehst du die komplette Pflanze langsam heraus.

Schritt 3
Kontrolliere den Ballen auf faule Wurzeln – matschige, dunkelbraune bis schwarze Teile – und entferne sie.

Schritt 4
Versuch jetzt, den Wurzelballen mit einem Essstäbchen oder Bleistift so weit wie möglich aufzudröseln, ohne eine Wurzel zu verletzen. Falls das trotzdem passiert: kein Weltuntergang, die Pflanze wird es verschmerzen. Für einen guten Start in der neuen Erde hat sie ja noch mehr Wurzeln, und sie wird schnell neue bilden.

Schritt 5
Bedecke das Loch im Boden des neuen Topfes mit einem Stück Vlies oder Landschaftsstoff. Das ist praktischer als die klassische Tonscherbe: Eine Rolle des Stoffes reicht jahrelang, er ist günstig, wasserdurchlässig, und, mal ehrlich, niemand hortet kaputte Tontöpfe. Noch billiger: das abgefallene, aber gesunde Blatt einer anderen Pflanze.

Schritte 6 und 7
Nun wird der Topfboden mit Erde bedeckt. Drück sie sanft an. Die Schicht soll nicht zu dick sein. Plane so, dass die Pflanze etwas tiefer im Topf sitzt und die Erde 1,5 cm unter dem oberen Rand endet. Das erleichtert später das Gießen, weil das Wasser hier zuerst eine ringförmige Pfütze bilden und dann langsam versickern kann – so verteilt sich die Feuchtigkeit gleichmäßig überall.

Schritt 8
Positioniere die Pflanze und füll mit einer kleinen Kelle oder Schaufel die neue Erde am Wurzelballen vorbei in den Topf. Den darfst du vorsichtig schütteln, damit sich die Erde gleichmäßig verteilt. Die Lücken zwischen den Wurzeln müssen komplett gefüllt sein! Tipp: Kakteen vorher in Zeitungspapier wickeln oder mit der Grillzange greifen.

Schritt 9
Wenn die Erde den oberen Rand des Topfes erreicht, drück sie vorsichtig nach unten. Wie gesagt, hier sollten ca. 1,5 cm Abstand liegen. Dir fehlt eine Hand, um die Pflanze zu bändigen? Sei kreativ, was Werkzeuge angeht. Binde z. B. beim Befüllen des Topfes das Laub der Pflanze mit einem Raffhalter (für Vorhänge) oder einem Haarband nach oben. So ist es aus dem Weg, und du bekommst ein freies Sichtfeld.

Schritt 10
Neulinge (und Kinder) begehen oft den Fehler, die Oberkante der Erde mit dem Rand des Topfes oder sogar darüber abschließen zu lassen. Das erschwert das Gießen, weil das Wasser von der Erde zum Rand und außen am Topf herunterfließt. Dabei schwemmt es jedes Mal ein wenig Erde weg – das Ergebnis ist, mit Verlaub, eine ziemliche Sauerei. Zurück zu den Schritten 6 und 7!

Schritt 11
Endspurt! Stell die frisch umgetopfte Pflanze in eine Schüssel oder über den Abfluss und wässere sie gründlich. Danach stellst du sie an einen Ort mit hellem, indirektem Licht. Das gibt ihr zusätzlichen Schub. Nach dem nächsten Gießen geht's zurück an ihren Stammplatz. ▸

1

2

3

4

5

6

7

8

9

10

11

ERST EINE, DANN ZWEI, DANN VIELE

Du willst Kinder? Ganz einfach! Um Pflanzen zu vermehren, bieten sich verschiedene Möglichkeiten an, die du hier im Detail kennenlernst

VERMEHRUNG DURCH BLATTSTECKLINGE

Geeignet für: Begonie, Peperomie, Usambaraveilchen, Geldbaum u. v. m.

Das brauchst du:
Schere, Bewurzelungshormon (optional), kleine Töpfe mit Erde

Schritt 1
Schneide ein gesundes Blatt ab, bestenfalls in der Nähe des Stammes/Stiels. Entferne den Blattstiel (der das Blatt mit dem Rest verbindet), sodass nur das Blatt übrig bleibt.

Schritt 2
Das Blatt mit der Schnittstelle in das Bewurzelungshormon tauchen (falls du eines verwendest).

Schritt 3
Steck das Blatt mit der Schnittstelle in die Erde. Gieß den Steckling gründlich und lass die Erde danach gut abtropfen, um Staunässe zu vermeiden.

Schritt 4
Jetzt den Topf auf eine helle Fensterbank stellen, aber nicht in die pralle Sonne. Am wohlsten fühlt sich der Steckling im lichten Schatten. Wenn du das Bewurzeln und den Austrieb beschleunigen möchtest, züchte den Steckling in einem Mini-Gewächshaus.

TEILSTECKLINGE (STAMMSTECKLINGE)

Geeignet für: Fensterblatt, Efeutute, Philodendron, Ufopflanze, Klimme u. v. m.

Das brauchst du:
Gartenschere, kleine Töpfe mit Erde

Schritt 1
Schneide mit der Gartenschere einen Zweig von der Pflanze ab – am besten zwischen den Blättern und so glatt wie möglich. Die vorhandenen Blätter bleiben dran. Teile ihn in mehrere Setzlinge. Eigentlich brauchst du jeweils nur ein Stückchen mit einem einzigen Blatt daran, kannst aber auch ein größeres Stück Zweig mit mehreren Blättern verwenden – um so stabiler wird das Fundament der späteren Pflanze.

Schritt 2
Pflanz jeden Steckling so ein, dass der Stiel horizontal unter der Erdoberfläche liegt und das Blatt (bzw. die Blätter) aus der Erde herausragt. Gründlich gießen, den Topf gut abtropfen lassen und von nun an die Erde feucht halten, ohne Staunässe zu erzeugen.

Schritt 3
Finde für den Topf einen Platz auf einer hellen Fensterbank, am besten im Schatten einer größeren Pflanze (die auch vor dem Fenster stehen kann).

BLATTTEILSTECKLING

Geeignet für: Blatt-Begonie, Peperomie, Bogenhanf, Aloe vera u. v. m.

Das brauchst du:
Scharfe Schere oder Gartenschere, scharfes Messer und kleine Töpfe mit Erde

Schritt 1
Schneide ein gesundes Blatt direkt vom Blattstiel ab, den brauchst du nicht.

Schritt 2
Teile das Blatt mit dem Messer so, dass jedes Stück über einige Blattadern verfügt (sofern bei dieser Pflanze vorhanden). Dazu kannst du den Schnitt gern schräg ansetzen.

Schritt 3
Pflanze die Abschnitte ca. 2 cm tief in die Erde ein.

Schritt 4
Die Stecklinge gießen, bis die Erde durch und durch nass ist. Lass den Topf ausgiebig abtropfen und halte in der nächsten Zeit die Erde feucht (Sprühflasche!). Vermeide unbedingt Staunässe: Blattteilstecklinge sind anfällig für Fäulnis. Auch diesen Topf stellst du nun auf eine helle Fensterbank, am besten leicht beschattet, und wartest ab. Es dauert evtl. Wochen, bis du etwas wachsen siehst!

KOPFSTECKLING

Geeignet für: Philodendron, Köstliches Fensterblatt, Feigenbaum, Wachsblume (Hoya), Efeu u. v. m.

Das brauchst du:
Schere, Bewurzelungshormon/Bewurzelungspulver (optional), Töpfe mit Erde oder ein Glas mit Wasser

Schritt 1
Mit der Gartenschere ein Zweigende oder eine Triebspitze abschneiden (oder gleich mehrere). Es sollte ein gerader Schnitt sein, den du unter einem Blattknoten ansetzt. Der abgeschnittene Teil sollte mindestens drei Blattknoten haben.

Schritt 2
Entferne am unteren Ende alle Blätter, die mit der Erde oder dem Wasser in Kontakt kommen werden, sie würden faulen.

Schritt 3
Tauch die Schnittstelle in Bewurzelungshormon (nicht zwingend), dann ab damit in die Erde oder in ein Glas mit Wasser. Gieß den Steckling gründlich und lass die Erde gut abtropfen, um Staunässe zu vermeiden.

Schritt 4
Falls du den Steckling im Wasserglas bewurzelst: Er ist bereit für die Erde, sobald die Wurzeln 3 bis 5 cm lang sind. Je länger das Wurzelsystem Zeit hat, sich zu entwickeln, desto kleiner der Schock beim Einpflanzen. Aber warte damit auch nicht zu lange: Vergeht zu viel Zeit, können sich verfilzte Wurzelknäuel bilden. Mit ein wenig Übung findest du den Mittelweg.

Schritt 5
Stell den so oder so versorgten Steckling nun auf eine helle Fensterbank, am besten in den Schatten einer anderen Pflanze.

TEILUNG

Geeignet für: Friedenslilie, Schusterpalme, Küchenkräuter u. v. m.

Das brauchst du:
Scharfes Messer, Pflanzschaufel und einen Topf mit Erde (oder mehrere)

Schritt 1
Nimm die zu teilende Pflanze vorsichtig aus ihrem Topf und löse die Erde.

Schritt 2
Unten, wo der Stamm in die Wurzeln übergeht, erkennst du verschiedene Gruppen. Brich oder schneide sie auseinander, trenne vorsichtig die Wurzeln. Jedes Grüppchen sollte über Blätter und Wurzeln verfügen und nicht zu fitzelig sein. Wenn die Pflanze eher krautig wächst, trenne sie beherzt in der Mitte. Sie wird kräftiger nachwachsen!

Schritt 3
Alle Teile in neue Töpfe pflanzen (siehe auch Seite 126). Gründlich angießen, abtropfen lassen, feucht halten, aber Staunässe vermeiden.

Schritt 4
Bester Platz zum Gedeihen: im lichten Schatten (etwa wo Licht durch eine Baumkrone fällt) und vor Wind geschützt.

Sobald sich das Wurzelsystem entwickelt hat und den Topf ausfüllt, kann die Pflanze in einen größeren Topf umziehen.

TIPP
So stellst du deine eigene Anzuchterde her: Mische 1:1 Torfmoos mit Vermiculit – einem Mineral, das u. a. Wasser speichert.

ABLEGER

Geeignet für: Grünlilie, Kakteen, Sukkulenten u. v. m.

Das brauchst du:
Scharfes Messer oder Gartenschere sowie einen Topf mit Anzuchterde

Schritt 1
Ableger entstehen als Miniaturausgaben der Mutterpflanze an oder neben ihr, oft unter den Blättern. Manchmal füllt sich der ganze Topf mit ihnen, zum Beispiel bei den Hauswurz-Arten (Sempervivum).

Schritt 2
Leichter geht' s nicht: einfach abschneiden. Wähle aber nicht zu kleine Ableger aus, sonst verkraften sie die Trennung von der Mutterpflanze nicht. Der Ableger sollte ein paar vollständig ausgebildete Blätter sowie (je nach Pflanzenart) einige eigene Wurzeln haben.

Schritt 3
Kennst du schon: Pflanz den oder die Ableger in Anzuchterde. Gründlich gießen, gut abtropfen lassen. Feucht halten und Staunässe vermeiden.

Schritt 4
Auch die Ableger stellst du in den lichten Schatten und schützt sie vor Wind. Ist der Topf durchwurzelt, kann die Pflanze in einen größeren umziehen.